倾听博物馆

朋朋的时光笔记 ②

朋朋哥哥/编著

天津出版传媒集团
新蕾出版社

图书在版编目(CIP)数据

朋朋的时光笔记.2/朋朋哥哥编著.-- 天津：新蕾出版社,2018.6
（倾听博物馆）
ISBN 978-7-5307-6636-1

Ⅰ.①朋… Ⅱ.①朋… Ⅲ.①中国历史—儿童读物 Ⅳ.① K209

中国版本图书馆 CIP 数据核字 (2017) 第 255955 号

书　　名：	朋朋的时光笔记.2　PENGPENG DE SHIGUANG BIJI 2
出版发行：	天津出版传媒集团 新蕾出版社
	http://www.newbuds.cn
地　　址：	天津市和平区西康路 35 号（300051）
出 版 人：	马梅
电　　话：	总编办 (022)23332422 发行部 (022)23332676　23332677
传　　真：	(022)23332422
经　　销：	全国新华书店
印　　刷：	北京盛通印刷股份有限公司
开　　本：	880mm×1230mm　1/32
字　　数：	90 千字
印　　张：	6.5
印　　数：	13 001-19 000
版　　次：	2018 年 3 月第 1 版　2018 年 6 月第 3 次印刷
定　　价：	28.00 元

著作权所有，请勿擅用本书制作各类出版物，违者必究。
如发现印、装质量问题，影响阅读，请与本社发行部联系调换。
地址：天津市和平区西康路 35 号
电话：(022)23332677　邮编：300051

自序

给你一个温暖的博物馆

回想自己的经历,很多重要的决定似乎都是在春天做的,也许是因为那是个可以让人感受到力量的季节吧。

三年前的春天,我注册了个人微信公众号,希望把自己在博物馆讲过的内容,写成适合孩子们阅读的小文章,让那些到不了现场听讲解的小朋友看到。那时,微信公众号的名字还叫"义务讲解员朋朋",我还很用心地设计了几个小栏目,想着能长期更新下去。

然而,事与愿违。文章虽小,但从选题到落笔,组织起来却也很费时间,坚持不间断地更新,确实是件很有挑战性的工作。中途时写时停，栏目也调整过很多次，讲过成语里的文物，讲过希腊、埃及的游记，等等。

　　两年前，音频内容越来越多地被小朋友们接受，后来想想，干脆集中精力做个音频的小栏目吧，于是有了《朋朋说》。还记得当时故宫博物院"石渠宝笈特展"非常引人注目，很多人都奔着《清明上河图》而去，我想着，是不是可以给孩子们讲讲"石渠"在哪里？渐渐地，我在选题和写作时找到了一些规律，总结出来就是"小切口，大背景，当下语言"。"小切口"指的是话题的切入点一定要小，毕竟体量有限，切口小些更易于话题的展开，讲起来也不累。"大背景"指的是要有立意，小小的知识点背后是个可以让孩子们去拓展的大空间，比如宋代的广告牌背后就是宋代商品经济的发展。"当下语言"指的是要建立与孩子们当下认知的勾连，这不仅能够让话题变得有趣，更是在为孩子们树立一种认识：中华优秀传统文化就在身边。

　　很多家长对博物馆在孩子学习成长过程中的积极作用是充分认可的，但总觉得这个空间、这类内容是有距离感的，似乎说到中华优秀传统文化，就得到浩瀚艰涩的典籍史料中去。我想说的是，古人的记忆和智慧真的就在我们身边，就看我们是不是真的去寻找和发现了。其实，《朋朋说》不只是讲给孩子们的，也是讲给家长们的，希望他们能够和孩子一起去感受、去学习。后来，和持续收听的很多家长沟通后发现，我的努力在渐渐地起作用。

起初，为了讲述起来更自然和真实，就像是朋朋哥哥真的站在孩子面前那样，我基本上都是把文章框架和要点内容列下来，然后在录音的过程中，一边组织语言一边讲述，所以《朋朋说》前五十多集都只有音频，没有文字，后面才调整为先组织起成熟的文字，再进行录制。在这里，我要特别感谢我的好朋友江筱湖带着石榴酱和青青两位年轻人将音频还原成文字，补齐了前半部分的内容。

在众多家长的建议下，我决定把《朋朋说》的文字结集出版，并且配上音频二维码，让孩子们可以边听、边读、边看。并且，书里的故事按照二十四节气的更迭交替排序，希望孩子们在阅读时也能体会到时光流转的魅力。书稿在整理和修订期间，团队伙伴张琰敏、刘天星付出了很多辛劳，感谢他们的细致工作。同时要感谢新蕾出版社的高雅、翦悦等老师在编辑和审校过程中做出了很大的努力，给我也提出了很好的建议。谢谢"耳朵里的博物馆"团队里所有伙伴的支持，是他们让这套书变得更加立体和丰富。

当然了，最应该感谢的是一直在听我讲解的小朋友们和家长们，大家的倾听是对我最大的鼓励，让我有力量坚持做下去。前几日，和朋友聊天儿，我说我希望能够继续录制《朋朋说》，把文字都整理出来，每年至少结集出版一本，等我老了，看着柜子里满满的几排书，那该是件多么幸福的事情啊！现在，这个愿望成功迈出了第一步，并有了一个好听的名字 —— 倾听博物馆。

最后，我想和所有读到这本书的小朋友说：

博物馆里的每件文物都是有生命的。

我想把它们的故事讲给你听。

每个故事都是温暖的。

目 录

01. 古人走路的规矩　　002
02. 洋芋土豆马铃薯　　006
03. 你听说过"乡党"吗　　010
04. 乌龟翻身与地壳运动　　013
05. 正阳门里有座关帝庙　　017
06. 你听说过镌斗吗　　022
07. 古人也用牙签　　025
08. 聊聊古代的牙刷　　030
09. 古人的瓷枕舒服吗　　033
10. 古人喜欢蜘蛛吗　　038
11. 头上插草是什么意思　　042
12. 商朝人眼中的战神　　046
13. 妇好其人其事　　050
14. 古人眼中的燕子　　054

15. 永不褪色的蓝	058
16. 被当作鸡食盆的珍宝	061
17. 一种特别的拐杖	065
18. 紫禁城里有座马神庙	068
19. 青铜盘里的美景	072
20. 五千年前的舞蹈	075
21. 汉代最流行什么舞蹈	079
22. 洒脱自在的竹林七贤	082
23. 清代皇帝的"掌上明珠"	086
24. 皇帝家的钥匙长什么样	090
25. 太和殿里的大龙椅	095
26. 雍正皇帝的眼镜放在哪儿	099
27. 古人为什么喜欢槐树呢	104
28. 梧桐树上会落凤凰	108

29. 宰相家的六十吨胡椒	111
30. 西红柿炒鸡蛋的历史	114
31. 古代的存钱罐长这样	118
32. 是大货车也是小舞台	122
33. 西晋贵族最喜欢的交通工具	125
34. 你的名字决定名次	130
35. 手捧经卷的小童子	134
36. 用来考试的针灸铜人	137
37. 曹冲称象的大象从哪里来	141
38. 又是一年蝉鸣时	146
39. 四合院里种什么树	150
40. 聊聊葫芦那些事儿	154
41. 四千年前的面条	158
42. 两千年前的船舵	163

43. 丝路飘来胡腾舞	168
44. 杨贵妃最喜欢的水果	173
45. 王昭君抱的是琵琶吗	176
46. 文成公主入藏	179
47. 小口尖底瓶怎么用	184
48. 茶叶煮粥什么味道	188
49. 悬挂蚊帐的房中房	192
50. 古代下雨积水了怎么办	195

立春

泥牛鞭散六街尘,生菜挑来叶叶春。
从此雪消风自软,梅花合让柳条新。

廿四节气

01
古人走路的规矩

西汉文学家贾谊告诉我们站立是要有规矩的。他说站立时要"固颐正视,平肩正背,臂如抱鼓,足间二寸,端面摄缨,端股整足",意思是眼睛要向前看,手臂放在胸前像抱着一面鼓,两只脚距离二寸,脸放平,目视前方,如果头上有装饰物,要把它摆正,不能晃来晃去。看,光是站着,古人的规矩都这么多,那么一旦走起来或跑起来,规矩是不是更多了?没错,单说古代人走路的姿势就有好多种呢。

接下来给你介绍几种古人标准的走路姿势:第一种叫作"行",第二种叫作"步",第三种叫作"趋",第四种叫作"走"。东汉的《释名》这本书里是这样解释这四

种走路姿势的:"两脚进曰行,徐行曰步,疾行曰趋,疾趋曰走。"这到底是什么意思呢?让我们一个一个地讲。

第一个,两脚慢慢行进叫作"行",这应该是个中等速度,但是具体速度是多少,我们无从考证,只能从自己的感受出发。比"行"稍微慢一点儿的叫作"步"。比"行"稍微快一点儿的叫作"趋",大概像是迈着小碎步快走起来的样子。比"趋"更快的叫作"走",就是我们今天说的"跑"。有个成语叫作"亦步亦趋",就是说前面的人走得快了我也走得快,他要是走得慢了我也走得慢,形容事事追随和效仿他人。

以上这四种不同的走路姿势,它们的使用场合可不太一样,那是有着严格规矩的。汉代大臣在上朝的时候都会迈着小碎步很急促地往前走,迅速找到自己的位置站定,这就是古代行走礼仪的一个重要体现,因为在古代礼仪中要求臣子在君主面前一定要做出"趋"的姿势。这就好像小朋友远远看到长辈要迅速走过去打招呼一样,是在表达对对方的尊敬。

但是，在有些场合是不能做出"趋"的姿势的，比如"堂上不趋"。堂是重要的礼仪场合，所以走动幅度不能太大。还有"执玉不趋"，就是说手里握着玉的时候不能快步走动。这些规矩非常复杂，什么时候用什么姿势走路，必须符合要求，如果不按照规矩做，就有可能面临严重的后果。《后汉书》中就记载了一位姓孙的官员因为在上司面前"趋"得太慢而被批评的事情。所以说，如果有人被恩准不用在皇帝面前快步行走的话，那可是一种非常大的恩宠。

在古代，还有一种很奇特的走路方式，叫作"奔"，有种甩开膀子在大路上狂奔的感觉。有个成语叫"奔走相告"，在这里的"奔"和"走"，就是古人常用的两种跑步姿势。

在《释名》这本书里，走路的姿势都是用行走的速度来区分的，而在另一本叫作《尔雅》的书里，走路的姿势则是根据行走的场地来区分的，比如，"堂上谓之行，堂下谓之步，门外谓之趋，中庭谓之走，大路谓之奔"。虽然这两本书的解释不太一样，但它们都说明了一件事情，那就是古人非常注意走路的姿势，并把它与礼仪联系在一起。其实，今天的我们也应该注意自己的仪态，在不同的场合都能做到行为得体，你说是吧？

02
洋芋土豆马铃薯

一年秋天，我因为工作的原因去了趟甘肃省定西市。当地的朋友向我介绍："我们这里有三宝。"我很好奇，就问是哪三宝。他们的回答是："洋芋、土豆、马铃薯！"相信你听到这个答案肯定会笑，这不是一种东西吗？没错，之所以这样强调，是因为甘肃省定西市是名副其实的"中国马铃薯之乡"，盛产土豆。现在，我们就说说"洋芋土豆马铃薯"的历史吧。

你可能知道，像土豆、西红柿等很多蔬菜的原产地都不是中国，而是距离中国很遥远的南美洲。那么，在南美洲，最早的土豆出现在哪里呢？

因为土豆很容易腐烂，不好保存，所以土豆遗存在考

古遗址中发现得很少。有研究表明，最早的土豆遗存是在距秘鲁首都不远的奇尔卡峡谷中被发现的，大约有一万年的历史了。那时的土豆和今天的土豆可没法儿比，它们都是野生的，还没有被人类改良，味道很苦，甚至有毒，对人的身体是有害的。在食物匮乏的原始时期，土豆很可能是古代先民迫不得已的选择。

很多人认为，早在七千年前，印第安人就已经开始种植土豆了。既然早期的土豆并不怎么好吃，当时的人们是怎么办的呢？一方面，在南美洲的土地上，有着一百多种野生土豆，这为人类改良它们提供了很便利的条件，人们能够挑选出其中最优良的土豆改造成更适宜人类食用的品种。他们种出了土豆，会选择口感不错的种在其他地方，经过多次这样的选择和栽培，土豆就慢慢变成适合人们口味的食物了。另一方面，人们还会通过加工的办法，让土豆变得美味一些。据说古代印第安人还会把土豆加工成泥，然后做成土豆饼，冬天要吃的时候就加热再吃。

那南美洲的土豆又是怎样风行世界的呢？它的世界之

旅首先要感谢西班牙的航海家们。大概在16世纪中期，原本出现在航海家游记中的土豆传到了欧洲。1551年，一个叫瓦尔德姆的西班牙人把土豆献给了西班牙国王，后来土豆传到了葡萄牙和意大利，再后来就传遍了整个欧洲，整个过程只用了五十年的时间。但那时的土豆并不是用来吃的，大多是用来观赏的。土豆作为食物的世界之旅要感谢爱尔兰人，那时的爱尔兰土地贫瘠，很多农作物都不适合种植，不承想种植土豆却最合适不过了。后来，又经历了很长时间的奋斗，土豆最终占领了欧洲。

土豆又是什么时候来到我们中国的呢？具体的时间仍待考证，但至少在明代晚期土豆就已经来到了中国。很多人认为，欧洲的土豆是经过不同的路线来到中国的，有的说是由荷兰人从海路带过来的，有的说是从哈萨克斯坦带过来的，还有的说是从东南亚的爪哇群岛带过来的。

不管怎么样，土豆传入中国以后，很快便融入到不同地区的风土当中，叫法也不尽相同：东北、京津地区的人把它叫作"土豆"，上海人把它叫作"洋山芋"，云南、四川等地的人则把它叫作"洋芋"。土豆最出名的别称，当属"山药蛋"，这是山西人的叫法。20世纪50年代，在山西地区形成的一个由土生土长的山西人组成的文学流派——山药蛋派，就是用这个别称命名的。

在你的家乡，土豆还有其他有意思的名称吗？

03

你听说过"乡党"吗

俗话说"老乡见老乡,两眼泪汪汪"。说到老乡,我总是觉得格外温暖亲切,每当我遇到困难时,老乡总会伸出援助之手。在我的老家陕西,用来称呼老乡的是个很特别的词,叫作"乡党"。公司楼下新开了个陕西面馆,老板是地道的关中人,中午聊起天儿来,居然发现他是我邻县的乡党,顿时感觉特别亲切。现在,我们就说说"乡党"的来历吧。

其实,"乡党"这个词最初是和古代户籍管理制度有关系的。古代统治者为了更好地管理人民,制定了一系列的户籍制度。据说,我国的户籍制度起源于夏商时期,到了周代则有了更详细的要求。《周礼》中就有这样的记载:

"令五家为比，使之相保；五比为闾（lǘ），使之相受；四闾为族，使之相葬；五族为党，使之相救；五党为州，使之相赒（zhōu）；五州为乡，使之相宾。"如果拿今天的情况打个比方，这就像现在每户人家住在一个单元房里，几个单元房组成一层，好几层组成一栋楼，好几栋楼又组成了一个小区，好多个小区又处在一个街道一样。

如果你记不住这些不同的单位也没有关系，只要大概知道住在一起的500户人家是"党"，住在一起的12500户人家是"乡"就可以了。这样看来，"乡党"的范围还是很广的。虽然在周代以后，不同朝代的户籍编制方法不尽相同，有的朝代有"党"没有"乡"，有的朝代有"乡"没有"党"，但不管怎么样，大约在春秋战国时期，人们就已经开始用"乡党"这个词来指代自己的同乡，并把这个称呼一代一代传到了今天。

很多人认为，今天乡党之间互助的习惯是从周代传下来的，因为按照周代户籍制度的要求，乡党之间是必须要相互关照、相互帮助的。比如前文提到的《周礼》中讲到，

100户人家组成一个"族",族内有人去世了,大家都要去帮忙;500户人家组成一个"党",党内有人遇到灾祸,大家都要去救助;12500户人家组成一个"乡",乡内如果有品德非常好的贤者,大家一定要像对待客人一样尊敬他。

其实,仔细想想,我们也能找到一些古代乡党之情之所以重要的原因。那时候,交通运输并不发达,人们很少迁徙,很多人生老病死、婚丧嫁娶都是在一个村镇或州县之内,所以在乡党中就会有很多认识或者不认识的亲戚,也许这种地缘跟血缘的双重亲近,正是乡党之间格外亲切的一个原因吧。

对了,有的朝代会把五户人家组成的单位叫作"邻",把五邻组成的单位叫作"里",如果你有兴趣的话,不妨按照这个标准来找找看,你们家的"邻里"都是哪些人呢?

04

乌龟翻身与地壳运动

最近几年,我们经常听到地震的消息。在中国,在日本,在苏门答腊,在缅甸,在新西兰……在世界上的许多国家都发生过里氏 7 级以上的大地震。地震到底是什么东西?它是怎么发生的?古代人又是如何认识地震的?今天,我们就一起来聊聊地震的故事。

地震自古就有。古时候,人们对大自然的认识并不那么科学,对很多自然现象的解释往往会夹杂着很多玄幻的色彩,地震也不例外。古代的中国人认为,大地是被一只特别大的乌龟驮着的,乌龟一翻身,就会发生地震;古代日本人则认为陆地是被一条大鲇鱼驮着的,鲇鱼一摆动就会引发地震;更有意思的是美洲的印第安人,他们觉得地震是住在地下的神仙们打架造成的。

两千多年前的古希腊，涌现了很多思考世界的哲学家，不知道你是否听说过一位叫作亚里士多德的学者，他对地震有着自己的认识。他认为地震是由于地下的风和热引发的。因为他的家乡有很多火山活动，火山爆发经常和地震一起出现，而火山会喷出温度很高的气体，所以他通过观察得出了这样的结论。在我们中国也有位叫作庄子的思想家提出了自己的看法，他认为大地在海上漂浮着，海波互相碰撞就引发了地震。虽然这两种说法都不准确，但是他们用自然来解释自然的方式，比起前人用神话来解释自然的方式，已经进步很多了。

庄子之后，中国古代的科学家们在地震研究方面取得了许多突破性进展，其中最著名的当属由东汉科学家张衡制作的地动仪。地动仪上有八条龙，代表着八个方向。每条龙的嘴巴里都含着一颗珠子，如果有地方发生地震，对应方向龙嘴里的珠子就会掉下来，落到蹲在下方的蟾蜍嘴里。近代第一台精确的地震仪是1880年由英国人约翰·米

尔恩制造出来的，原理和张衡的地动仪很类似，时间却晚了很多。

现代的地震研究开始于 1906 年美国的旧金山大地震。这场大地震造成了很大的损失，于是美国政府召集了一批地质学家来进行研究。这群地质学家进行了很多实地考察来研究地震造成的破坏现象，比如地面断裂、铁轨扭曲等等。最后，当把这些破坏现象在地图上标注好之后，他们发现它们居然可以连成一条线，而且这条线正好是当地一条著名大断层的所在。就这样，人们认为是断层引发

了地震。

后来，地质学家们又提出了板块构造学说，他们认为地球的表面并不是一个完整的整体，而是由很多巨大的板块拼接起来的。两个板块拼接的地方，也就是裂缝最多的地方，是最容易发生地震的。经常发生地震的日本、新西兰，还有中国的四川、台湾等地，都处在板块交接的地带，而且它们都位于环太平洋地震带上。环太平洋地震带位于亚欧板块和太平洋板块之间，地壳运动频繁，在这条长达40000千米的地震带上集中了全球约80%的地震，并且在地震时还经常伴有火山喷发、海啸等自然灾害。

如今，在国内许多科技馆中都设有地震专题的场馆，近几年还出现了很多专门的地震体验馆。如果你有兴趣的话，不妨去亲身感受一下地震的威力吧！

05 正阳门里有座关帝庙

相信你一定听过岳云鹏的《五环之歌》吧，这首歌唱出了北京城环环相套的样子。而如今的北京二环，就是明清时期北京内城的城墙基址。当时北京内城共有九座城门，其中有一座非常重要，它位于北京中轴线的南端，名字叫"正阳门"，也就是俗称的"前门"。这座城门不仅地位高，还有着别的城门不能企及的高度——43.65米。放眼望去，整个天安门广场地区最高的建筑就是它。如今，正阳门仍保留着两座主体建筑，一座是箭楼，另一座是城楼。

明清时期，北京城的九座城门里都有庙，绝大部分是关帝庙。在众多的关帝庙里，正阳门的那座香火尤其旺盛：

商人到这里求财运亨通，读书的学子来求金榜题名，想要生孩子的小媳妇则来祈求多子多福……这座关帝庙之所以香火旺盛，首先在于它得天独厚的地理位置。那里不仅是藩国朝拜的必经之路，就连皇帝去天坛祭拜的途中也会来这里上香。其次是皇家力量的推动。皇家很喜欢祭祀关帝，老百姓也因此跟风。

那么，正阳门的这座关帝庙是什么时候修建的呢？众所周知，明成祖朱棣是1403年即位的，他1406年下令营建紫禁城，1420年建成后的第二年就正式迁都北京。因此有研究者认为这座关帝庙是明成祖时期建造的，但也有人认为它是在明代万历初年修建的。

根据史书记载，这座关帝庙里曾有三宝。

第一宝是三口大刀，分量不一样，最重的有400斤，最轻的也有80斤，另一口大刀重120斤；第二宝是关公画像，据说是画圣吴道子的真迹；第三宝是汉白玉马，相传它和明成祖朱棣有关：当年朱棣亲征漠北途中遭遇风沙，迷失了方向，正当大军被困之时，忽然看到不远处有

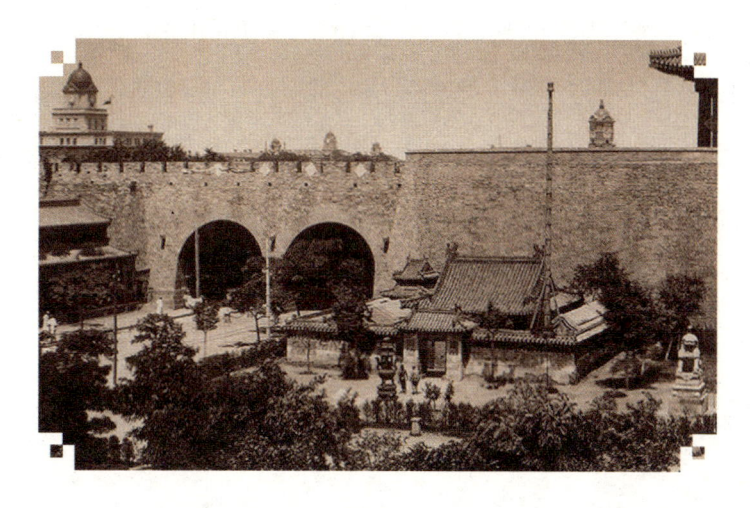

人提着大刀骑着白马在引路开道,朱棣认为这是关帝显灵,因此班师回朝之后便命人造汉白玉马来感谢关帝保佑。遗憾的是,这第二宝和第三宝都已在战乱中遗失了。

关于明清时期的北京内城还有着"九门十庙"的说法。原来,正阳门有两座庙,除了西边的关帝庙,东边还有一座观音庙,供奉着救苦救难的观音菩萨。这座观音庙形制与关帝庙接近,香火也十分旺盛。可惜的是,20世纪60年代,由于北京城市建设的需要,正阳门的两座庙宇以及正阳门两侧的城墙都被拆除了。

如今，北京正朝着现代化国际大都市的目标飞速前行。在这个过程中，老北京的风情与风貌不无遗憾地在逐渐消失。曾经的"九门十庙"已经所剩无几，只还有正阳门的箭楼、城楼，德胜门的箭楼，以及东南角楼和两小段城墙了。如果你有机会到北京游览的话，不妨去北京二环找一找这些屹立在高楼大厦里的古城楼吧。

雨水

天街小雨润如酥,草色遥看近却无。
最是一年春好处,绝胜烟柳满皇都。

廿四节气

06
你听说过鐎斗吗

你听说过鐎（jiāo）斗吗？相信很多人会说，我听过熨衣服的熨斗，听过抽烟的烟斗，鐎斗是个什么东西？尽管今天的人们对它已经很陌生了，但它的确在中国的历史上持续存在了一千多年。在中国国家博物馆"古代中国基本陈列"三国两晋南北朝部分的展厅里，就陈列着一件北魏青铜鐎斗，但它经常被观众们忽视。现在，我们就说说鐎斗的故事吧。

其实，有关鐎斗的记载，最早可以追溯到汉代，后世的很多文献里也都留下了鐎斗的身影。人们是这样认识鐎斗的：第一，它是一种温器，可以用来加热某种东西；第二，它的基本形状是一个有着三条支腿的小盆，盆边还有

一条长长的柄。

先说说鐎斗的用途。大家很熟悉的司马迁在《史记》中写到，鐎斗多用在军队里。行军打仗的时候，士兵们白天可以用鐎斗来做饭，晚上遇到紧急情况时，可以敲击鐎斗的背面发出声音作为警报。这种说法在后来流传很广。不过，有很多人认为这种说法并不可信，鐎斗应该就是一件日常生活用具。

为什么这么说呢？第一个理由是，考古发掘出的很多鐎斗并不是和兵器放在一起的，而是和墓主人生前使用过的铜盘、铜碗等生活用具放在一起的；第二个理由是，墓葬中的鐎斗往往非常精致华贵，如果是供普通士兵使用的话，那鐎斗就不需要做得那么精美，便携耐用就好。你觉得这样的分析有道理吗？

既然鐎斗是温器，是用来加热某种东西的，那它可以用来加热什么呢？有人认为它是用来温酒的，有人认为它是用来加热食物的，还有人认为它是那个时代的贵族们用来煮茶的。要知道，茶叶最初并不是用热水沏着喝的，而

是要加上其他原料,像煮粥一样煮出来的。那你觉得鐎斗可以用来加热什么呢?

在不同的历史时期、不同的地域,鐎斗的材质也是不一样的,不仅有青铜鐎斗,还有铁质鐎斗、陶瓷鐎斗。鐎斗虽然流行和使用的时间并不长,大部分存在于汉代到魏晋南北朝时期,但是分布很广,很多省份都出土过青铜鐎斗。中国国家博物馆的那件北魏青铜鐎斗是在内蒙古呼和浩特附近的一座墓葬中出土的。既然鐎斗是汉族地区的发明,那怎么会出现在遥远的内蒙古呢?这为我们印证了这样一个信息:魏晋南北朝时期是中国历史上多民族交流和大融合的时代,汉族的很多饮食习惯渐渐地传入了少数民族地区。类似这样见证了民族交流和融合的文物还有很多,如果你有兴趣,就走进自己所在城市的博物馆找找看吧!

07
古人也用牙签

在日常生活中，很多人有饭后剔牙的习惯。对于很多牙齿不整齐的人来说，牙签真是必不可少的小工具呢。那么，你知道牙签是什么时候出现的吗？

牙签在中国有着悠久的历史。早在两千三百多年前的战国时代，人们就已经开始使用牙签了。那么那个时候的牙签是用什么做的呢？从已出土的战国早期的牙签来看，它们大部分是用骨头制成的。这些牙签的使用也是有规矩的，《礼记·曲礼上》中记载的礼仪制度中就有"毋刺齿"的要求，意思就是说宴会时不能随便当着别人的面剔牙。

牙签除了剔牙，还能用来做什么呢？西晋初年，有一个叫陆云的人，专门把一根牙签当作礼物送给了他的哥哥陆机，并特意写了一封信。怎么会有人把一根牙签当礼物送人呢？原来，这可不是一根普通的牙签，陆云的《与兄平原书》中说，这根牙签是"曹公"的遗物。曹公是谁？他就是鼎鼎大名的曹操。看来这位统领千军万马的大将军还是一个剔牙爱好者呢！

其实，古代的牙签并不叫牙签，而是叫剔牙杖、剔牙

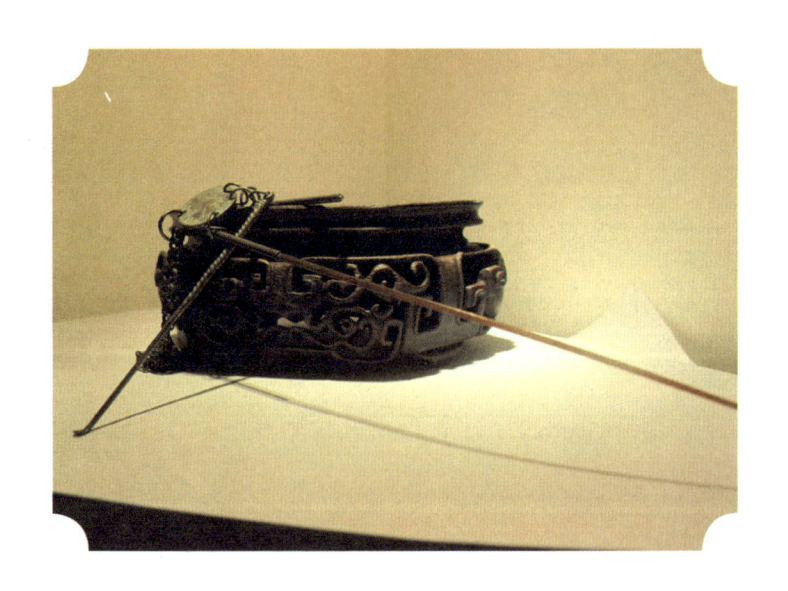

签、牙杖、柳杖等等。宋末元初的诗人赵孟𫖯写过一首诗，叫《老态》，里面有一句"食肉先寻剔齿签"，意思是人老了之后牙齿松动，出现缝隙，吃肉之前要先找牙签，免得肉丝塞在牙齿缝隙里不舒服。在这里，他把牙签叫作剔齿签。从这句诗里我们发现，古人还是经常会使用牙签的。但是牙签的体积太小了，随身携带不方便，很容易弄丢。那么古人是如何收纳牙签的呢？

在明代，出现了一种形状类似钢笔笔帽的金属小圆筒，筒的一头儿挂着许多小小的链子，链子上系着镊子、耳挖、剔牙杖之类的东西，只要收紧链子，这几样东西就恰好能收纳到小圆筒里面，人们叫它"牙签筒"。再后来，竹质和瓷质的牙签筒也出现在了人们的生活中。

其实古代被叫作"牙签"的另有他物，不过不是用来剔牙的，而是和书有关的一种东西。有的说是系在卷轴书上便于翻阅的书签，还有的说是插在线装书边上的锁孔里面的别子，因为它们大部分是用象牙或其他骨头做的，所以叫牙签。渐渐地，牙签就成了书籍的一个代称，这在

好漂亮啊!
还是纯金的!

很多诗歌里面都有印证，比如苏轼的"读遍牙签三万轴"，纪昀的"检校牙签十万余"，等等。这些诗里的"牙签"都是书籍的意思。

那么，我们先聊到这里，希望你也能学习古代的大文豪，"读遍牙签三万轴"，养成热爱阅读的好习惯。

08
聊聊古代的牙刷

俗话说"病从口入",自古以来,人们就非常重视口腔卫生。上个故事我们讲到了古代的牙签,可是牙签只能把塞在牙缝里的东西剔出去,要想让牙齿更加清洁,还有一样工具是必不可少的,那就是牙刷。

古人关于"牙"的记述早在甲骨文中就出现过,那是商王武丁就妻子妇好的牙痛进行占卜的记载。《诗经》中也有"齿如瓠犀(hù xī)"这样的描述,形容一个人的牙齿像瓠瓜的籽一样又白又整齐。但是那个时候是没有牙刷的,人们清洁口腔主要靠漱口,一般是用温水、酒、茶甚至是药水来漱口,《史记》就记载了有人用苦参汤漱口来治疗牙痛的故事。后来,随着佛教的传入,人们开始

用树枝作为清洁口腔的工具，这些树枝被称为"齿木"。据说佛教徒经常用杨枝来清洁牙齿，所以杨枝成了齿木的首选材料。除了杨枝，槐枝、桃枝也可以做齿木。后来人们把齿木的一头儿弄扁，使它成为一个小刷子，这很可能就是牙刷的雏形。

1985年在成都出土的用牛骨做柄的牙刷表明我国在唐代就已经有植毛牙刷了。那时牙刷的毛是用什么材料做的呢？人们最初使用的是猪鬃毛、马尾毛等动物毛发，但它们的质地很硬，刷起牙来并不是很舒服。后来古人逐渐

使用植物的纤维制作牙刷，刷毛就柔软多了。

虽然牙刷这个东西在唐代就有了，但"牙刷"这个名称大概在元代才出现。在当时的诗歌里我们能够找到"牙刷"的影子，比如"南州牙刷寄来日，去腻涤烦一金直"，形象地表达了古人对口腔清洁的重视。

关于古代牙刷的故事我们就先介绍到这里。如果你有机会去江苏的话，不妨去看看中国的"牙刷之都"杭集，参观一下那里的中国牙刷博物馆。

09

古人的瓷枕舒服吗

　　枕头，是人们不可缺少的生活用具，它的舒适与否，直接关系着人们的睡眠质量。你喜欢软枕头还是硬枕头呢？我喜欢软软的枕头，但在我小时候的记忆里，老人们更喜欢硬一些的枕头，有人甚至会从门外随便捡起一块红砖，用纸或布包好了就枕着睡觉了。那古代人的枕头是什么样子的呢？其实，中国古代最早的枕头应该就是用天然的石块制作的，后来才有了更丰富的材料，比如木头、陶瓷、棉花等，其中瓷枕的数量最丰富，使用也最广泛。可是，那些硬邦邦的瓷枕用起来真的舒服吗？现在，我们就来说说古代的瓷枕吧。

　　瓷枕是什么时候出现在古人生活中的呢？首先我们要

知道，瓷器诞生在中国的东汉时期，经过魏晋南北朝时期的不断发展，普遍进入了百姓的生活当中。最早的瓷枕应该出现在距今一千四百多年的隋代。到了唐代，人们开始大量生产瓷枕，但那时的瓷枕还不怎么精致。直到宋元时期，随着制瓷业的快速发展，瓷枕的样式才丰富了起来。到了明清时期，很多新材料陆续应用于枕头的制作，瓷枕也就渐渐退出了历史舞台。今天，很多博物馆都收藏有各式各样的瓷枕，像故宫博物院、浙江省博物馆还专门举办过以瓷枕为主题的展览呢！

古代的瓷枕都长什么样子呢？一种是将枕座雕刻成猛兽的形象，比如唐代有犀牛形象的瓷枕，宋代有老虎形象的瓷枕，人们认为这些动物可以驱魔辟邪，起到逢凶化吉的作用；一种是在瓷枕上描绘出花鸟的图案，比如牡丹、喜鹊等等，体现着浓浓的生活情趣，表达着人们对喜庆吉祥的追求；还有一种是有故事情节的，比如有的元代瓷枕的枕座就是仿造戏台雕刻的，枕座的四面被雕刻成四个立体的棚台，棚台上的窗户、栏杆等错落有致，分别展示着

《白蛇传》里的断桥、借伞、还伞、水漫金山四出场景。

　　瓷枕的烧制也有讲究，因为瓷枕里面并不像砖头一样是实心的，而是空心的。既然是空心的，在烧制时就有个必须要面对的问题，那就是瓷坯如果是密闭的，当它内部的空气经过高温加热膨胀后，很有可能把瓷枕撑裂。所以瓷枕上必须要留出气孔。瓷枕的气孔有的在侧面，有的在正面，有的则设计得更加巧妙，有时是小动物的眼珠，有时又成了花蕊。金代有种老虎造型的瓷枕，气孔竟然是老虎的两个鼻孔，如果不仔细观察，可能还真找不到呢。对

了，你可不要小瞧这小孔的作用，通过它，有的瓷枕变成了可以藏东西的藏宝枕，有的则成了可以控制温度的冷暖枕（夏天注入冰水，冬天注入热水）。

枕着这么硬的瓷枕，古代的人们难道就不觉得硌吗？专家告诉我们，不能用我们现代人的标准去衡量古人的生活状态，那时的人们不论男女都盘着发髻，尤其是隋唐五代时期的女性，特别喜欢高耸华丽的发髻。这样的枕头，不仅能让人在睡觉的时候保持发型不乱，而且据说还可以清心明目，对身体大有好处。可能你要问了，那到了冬天可怎么办呢？瓷枕多凉啊！哎呀，那就在瓷枕上垫一层松软的暖垫呗。

惊蛰

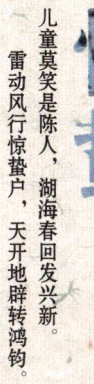

儿童莫笑是陈人,湖海春回发兴新。雷动风行惊蛰户,天开地辟转鸿钧。

廿四节气

10
古人喜欢蜘蛛吗

有一个谜语："小小诸葛亮,稳坐中军帐,布下八卦阵,专捉飞来将。"谜底是一种小动物,你猜出来是什么了吗?它呀,经常出现在我们的生活中,在很多奇幻类的影视剧里也常会被演绎成让人惊悚的恐怖形象,它就是蜘蛛。不知道你是不是和我一样害怕蜘蛛呢?你觉得古人对蜘蛛又有着什么样的感情呢?

地球上生活的蜘蛛种类非常多,据说除了南极洲之外,它们几乎遍布世界各地,总共有三四万种不同的样子。有的很大,可以猎捕蜂鸟;有的很小,可以放在针尖上;有的则是带着让人恐惧的剧毒。蜘蛛看上去有些令人害怕,但是在古代,它却被赋予了很多美好的寓意。

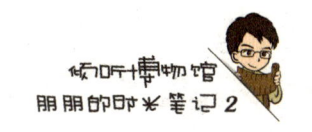

古人觉得蜘蛛可以带来喜运，甚至还给蜘蛛起了个很吉利的名字，叫作"喜子"。蜘蛛怎么和"喜"有了联系呢？有人说因为蜘蛛会顺着尾巴上的那根丝从天而降，所以被认为是"喜从天降"。晋代有个叫葛洪的人，在他的书里曾经写过"蜘蛛集而百事喜"，意思是蜘蛛聚集在一起就会有大喜事出现。

古人还认为蜘蛛可以带来财富。在中国，有的地方有这样一句俗语，叫作"蜘蛛吊，财神到"。蜘蛛象征着"八面来财"，因为它会布下天罗地网，把附近不小心撞到网上的小虫子，甚至比自己大好几倍的昆虫一网打尽。此外，又因为蜘蛛谐音"知足"，所以古人常会在玉器、木雕等工艺品上雕刻出蜘蛛的形象，以此来告诫自己做人要学会知足，这样生活才能常乐。

同时，蜘蛛还是灵巧的象征。南朝的文献里就记录了七夕乞巧活动中"蜘蛛兆喜"的习俗。据说到了七夕节这一天，"乞巧"的妇女会把瓜果放在厅堂，如果有蜘蛛在瓜果上结网，那就说明来年这位妇女会心灵手巧，做出精

美的织品。

　　除此之外,很多人发现蜘蛛还能预报天气。在雨停后,如果看到蜘蛛结网了,那就说明天将要放晴了。这是为什么呢?原来呀,在阴雨天气的时候,空气中含着很多水汽,这些水汽容易在蜘蛛尾巴上的吐丝器处凝结成小水珠，这样蜘蛛吐丝时会感到困难，便停止吐丝而收网。相反，当天气放晴时，空气中水汽就会变少，蜘蛛吐丝顺利，就会继续张网捕虫了。

说了这么多，你是不是觉得蜘蛛不是那么可怕了呢？其实，蜘蛛对人类的贡献可不只预报天气这一项，它还会捕食像蚊子、苍蝇这样给我们的生活带来麻烦的昆虫。对了，蜘蛛可是蟑螂的天敌，它有时比某些蟑螂药更管用呢！

11
头上插草是什么意思

街上曾经流行一种小草发卡。有的人喜欢,买了好多,觉得样子很萌;有的人一直拿不准主意要不要买一个戴,因为觉得好像在古代的小说、戏文里,经常能看到头上插草卖身的故事。那么,我们就来聊一聊古代的"草标"吧。

古代的草标其实是一种广告形式,但"广告"一词在汉语里很晚才出现。1906年,清政府的《政治官报》章程中第一次出现了"广告"的字样。但这里的"广告"只是"广而告之"的意思,并没有商业性的目的。在那个时期,现代意义上的广告刚被引入中国,翻译成"告白""告贴"等。它虽然出现得比较晚,发展却特别迅速,到了20世纪20年代,很多大学的报学系就已经设置了

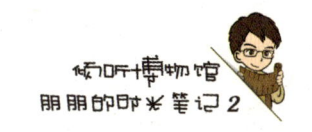

相关的广告专业。

那作为广告的草标是怎么出现的呢？在春秋时代的晋国，乡间已经有集市出现，当时的人们会拿出家里闲置的东西到集市上去卖，等待销售的商品上会被插上草，作为正在售卖的标识。我们在很多文学作品里也会见到这样的做法。比如《水浒传》里杨志卖刀的时候，他就在自己的刀上插了根草；再比如《儒林外史》里范进卖鸡的时候，他怀里抱着的那只鸡身上也插着草。有时候，确实有一些日子过不下去的人，在自己或者儿女头上插根草出来卖身，真到这一步的话，一定是走投无路了。插草卖身的情节大多出现在古代小说、戏曲里面。

可是为什么插的是草呢？有人说，是因为集市里草多，随处可得，用起来比较方便；还有人说草标也叫草芥，是贱卖的意思。有个词叫"命如草芥"，就是形容一个人的生命特别卑贱、微不足道。

但是，并不是所有的民族都以草标来打广告。在侗族，如果有一户人家把草捆成圆柱，中段用红纸包裹再插上

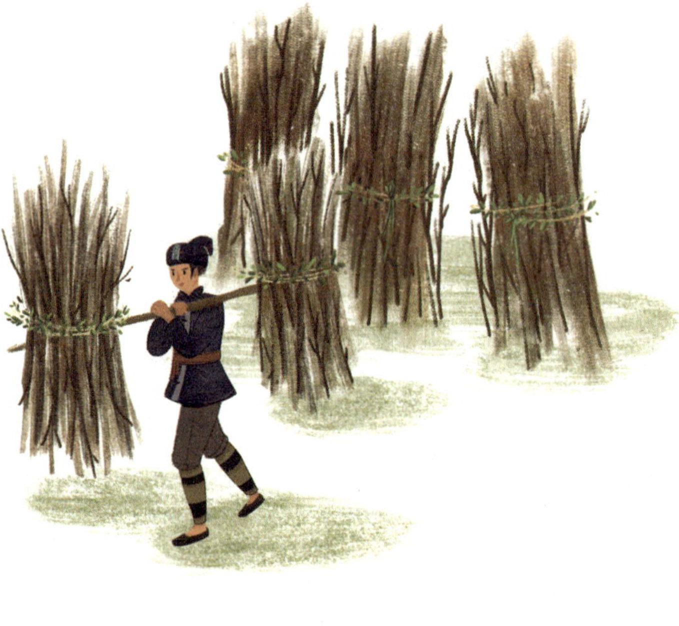

根鸡毛，挂在房子上，这可不是要卖房子的意思，而是代表这户人家三天之内有小孩子出生。如果鸡毛是冲下的，就说明这家人刚刚添了个男孩；如果鸡毛冲上，就说明这家人刚刚添了个小姑娘。在侗族人的日常生活中，如果老百姓在山间砍柴后背不回去，可以在柴堆旁立个草标，表示这些柴已经有主人了。以此类推，草标也能作为山标、田标，用来宣告某块地方的主权。

通过以上的讲述，我们知道插草这件事在不同时期、不同地域文化中的含义是有差异的。怎么样，你现在对小草发卡是不是又有了新的认识呢？

12

商朝人眼中的战神

在中国国家博物馆收藏着一件 1976 年出土于河南省安阳市殷墟妇好墓的文物，名字叫作"妇好"青铜鸮（xiāo）尊，它是中国商代青铜器中的精品。

现在，我们就来聊聊妇好墓出土的这只青铜鸮尊。别小瞧了它，它可是商朝人眼中的战神哟。这件鸮尊长什么样呢？它的外形是一只站立着的猫头鹰，戴着高耸冠饰的头微微上扬，嘴巴特别大，前胸略微突出，两只翅膀紧紧收拢着，爪子和尾巴共同构成了尊的三只足。整个造型看上去非常威武有力量，呈现着昂首挺胸的姿态，仿佛是个凯旋的将军，无论是从它的身姿还是目光，我们都能隐约感觉到一种自信和骄傲。另外它的雕刻十分注重细节，

身上的花纹很美丽，呈现出多个猫头鹰的形象，在它顶端的盖子上还站着一只小猫头鹰，尾巴上也装饰着猫头鹰的花纹。

这件鸮尊为什么会是猫头鹰的形象呢？有人认为，在商朝人的心中，猫头鹰是克敌制胜的战神，还有人认为殷商的先民将猫头鹰作为驱灾辟邪的神鸟向它祈求吉祥和庇护。因此在商代的很多青铜器和玉器上，我们都能找到猫头鹰的形象。

那么这件鸮尊的主人是谁呢？它的主人可不一般，正是商王武丁三位法定妻子之一——妇好。妇好不仅是一位王后，还是一位能征善战的女将军。据为数不多的殷墟甲骨卜辞记载，妇好曾经率军出征，讨伐敌人，为商朝疆域的开拓立下了赫赫战功。她不仅拥有军队指挥权，有时还负责主持国家重大的祭祀活动，在她的墓葬里还出土了大量的兵器与礼器。今天，它们分别被收藏在中国国家博物馆、河南博物院、殷墟博物苑等文博场馆中，向我们展示着这位三千多年前的王后不平凡的一生。

那么古人真的喜欢猫头鹰吗？在我的家乡陕西，猫头鹰可是被视作不祥的象征。其实在西周之后，猫头鹰就不再被视为战神或辟邪的象征了，而成为不祥之鸟。在《诗经》中，猫头鹰的出现甚至预示着国家将面临重大灾难。很多朝代对猫头鹰都有惧怕心理。古人之所以害怕猫头鹰，与它的习性有一定关系。第一，它的叫声难听，像悲惨的号哭，也像狰狞的笑声；第二，它总是在夜间活动，巢安在僻静之处，人们因此认为猫头鹰带着阴森之气；第三，大部分猫头鹰喜欢吃蛇鼠，人们经常在它的窝里发现动物的爪子、骨头，因而将猫头鹰与死亡联系到一起；第四，古人认为猫头鹰有个可怕的习性，那就是它长大后会吃掉母亲，因而猫头鹰被看作不孝之鸟、不祥之鸟。另外，古人将天上飞的动物称为"飞禽"，将地上跑的动物称为"走兽"，人们发现猫头鹰既是飞禽又是走兽，因而将它称为"禽兽"。其实古代先民之所以对猫头鹰有很多误解，都是因为不了解它的习性，比如猫头鹰喜欢吃老鼠是因为鼠类体内有一种物质可以增强猫头鹰的夜视能力。

与我们的感受大不相同的是，西方文化中的猫头鹰形象大多是这样的：它们正面向人，睁着大眼睛，白天蹲坐在树上，夜晚飞行起来悄无声息。西方人大多认为猫头鹰不仅稳重，而且充满着学者的智慧，能够预测未来。在古希腊神话中，掌管智慧与战争的雅典娜就选择猫头鹰作为自己心爱的圣鸟。在西方的童话故事里，动物们开运动会，总是邀请充满智慧的猫头鹰来当裁判，希腊发行的硬币上就有猫头鹰的形象。

我们生活当中有很多动物，在中西方文化背景下被赋予了不同的含义。有兴趣的话，你可以找一找这些奇妙的动物，了解它们背后的文化。

13
妇好其人其事

1976年，中国社会科学院考古研究所的工作人员在河南安阳发现了举世闻名的妇好墓，这是迄今发现的保存最完整的商代王室墓葬。这座三千多年前的商代大墓共出土了1928件精美的文物。2016年，正值妇好墓发掘四十周年，首都博物馆在举办妇好墓特别展览时，只用了短短六个字，便诠释了妇好一生中三个重要角色：王后、母亲、女将。

第一个角色：王后。妇好是商王武丁三位法定妻子中的一位，也是他最钟爱的一位。在目前出土的甲骨中，有数十块卜骨的卜辞都与商王武丁询问妇好健康的事情有关。为了使妇好尽快康复，武丁还去祭祀先王，期望保佑

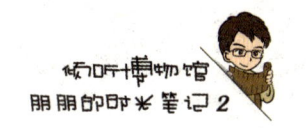

妇好平安。根据史料记载，武丁还允许妇好参与国家事务的管理，主持重大的祭祀活动，要知道，一般情况下王后是很少参与国家政务活动的。从这些方面，我们都能看到武丁对妇好这位妻子的喜爱。

第二个角色：母亲。妇好的名字大量出现在商代文字中，死后获得了"辛"的庙号，她的子孙们曾经多次举行祭祀"母辛"的活动，祈求她保佑战争的胜利以及国家的安康。

第三个角色：女将。妇好作为将军功勋卓著，她代表商朝四处征战，曾率领一万三千人的大军攻打羌方。妇好墓中出土的四件代表军权的青铜钺（yuè）说明了她的身份，其中最重的一件达九千克，上面还有老虎吃人的图案。商王武丁给予妇好很多权力，足以说明武丁对这位女将非常信任和器重。

在妇好墓中还有很多立体展示妇好这个人的文物。比如墓葬中出土了一件拉弓用的扳指，型号较大，有专家据此推测妇好身材高大。有的人说妇好很爱美，因为墓葬中

出土了很多铜镜、玉石梳子等，在一个石臼中还发现了朱砂，据推测，它可能是用来制作化妆品的。还有人说妇好很喜欢动物，因为墓葬中出土了大量玉石做的大象、兔子、马、鱼等动物造型的饰物。

妇好去世时大约三十多岁，种类丰富的墓葬品说明生前的她一定有着极为丰富多彩的生活。

春分

廿四節氣

雨霽风光,春分天气。千花百卉争明媚。
画梁新燕一双双,玉笼鹦鹉愁孤睡。

14
古人眼中的燕子

春暖花开,我们又能见到燕子的身影了。燕子是春天的使者,也是人们非常喜爱的一种鸟。翻开人教版小学语文三年级下册,第一篇课文就是郑振铎先生的《燕子》。今天,我们就从这篇文章开始说起。

一身乌黑光亮的羽毛,一对俊俏轻快的翅膀,加上剪刀似的尾巴,凑成了活泼机灵的小燕子。

才下过几阵蒙蒙的细雨。微风吹拂着千万条才展开带黄色的嫩叶的柳丝。青的草,绿的芽,各色鲜艳的花,都像赶集似的聚拢来,形成了光彩夺目的春天。小燕子从南方赶来,为春光增添了许多生机。

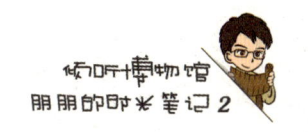

在微风中，在阳光中，燕子斜着身子在天空中掠过，唧唧地叫着，有的由这边的稻田上，一转眼飞到了那边的柳树下边；有的横掠过湖面，尾尖偶尔沾了一下水面，就看到波纹一圈一圈地荡漾开去。

几对燕子飞倦了，落在电线上。蓝蓝的天空，电杆之间连着几痕细线，多么像五线谱啊！停着的燕子成了音符，谱成了一支正待演奏的春天的赞歌。

燕子和人的关系非常密切，它们常把家安在屋檐下，与人一起生活。在诗词曲赋中，我们经常可以看到燕子的形象。古人在很早以前就已经注意到燕子，并且赋予了它很多传奇色彩，它甚至一度成为古人心目中的一种神鸟。很多学者认为，古代传说中的"玄鸟"原型其实就是燕子。《诗经》里有"天命玄鸟，降而生商"这样的诗句，讲述的是商人祖先诞生的故事，《吕氏春秋》还对此进行了更具体的演绎。一般来讲，关于玄鸟与商人的传说是这样的：上古时期，有一个姑娘叫简狄，她是有娀氏的女儿、

帝喾（kù）的次妃。有一天，简狄到河边去洗澡，看见燕子掉下来一只蛋，她把蛋捡起来吞了下去，之后就怀孕生下了契。契就是商人的始祖。

随着历史的变迁，燕子逐渐被赋予了更多的含义。第一，根据燕子南飞北归的习性，古人将燕子和春天联系在一起。白居易《钱塘湖春行》中"几处早莺争暖树，谁家新燕啄春泥"就生动描述了春暖时节衔泥造窝的燕子。第二，古人把燕子和农业生产联系在一起。一方面因为燕

子是益鸟，会捕捉害虫，另一方面因为燕子在快要下雨时总是低飞，所以古人将其作为下雨的征兆，用于指导农业生产。第三，古人还会把燕子和夫妻联系在一起。由于有些种类的燕子父母会共同哺育小燕子，并且总是双宿双飞，所以在传统文化中，燕子就经常被用来比喻夫妻恩爱。除此之外，古人还会借燕子来抒发对家乡故土的思念等情感。燕子，已不仅仅是燕子，它已经成为中华民族文化的一个重要意象，融入我们的传统当中，成为我们亲密的好伙伴。

关于"燕子"我们就先聊到这里。春天已经来了，让我们赶快出门，找找这属于春天的美丽精灵吧！

15
永不褪色的蓝

你喜欢蓝色吗？在我们的生活当中，蓝色无处不在，天空是蓝色的，大海是蓝色的，我们吃的蓝莓也是蓝色的。古代的人们很喜欢蓝色，在各种墓葬壁画、建筑彩绘、笔墨丹青、瓷器配饰上都有它的身影。

在中国国家博物馆的"古代中国"展厅里，有一件非常华丽的展品，叫作孝端皇后凤冠，孝端皇后是明朝万历皇帝朱翊（yì）钧的妻子，之所以称它为凤冠，可不是因为这是皇后的帽子，而是因为上面装饰着凤凰。与众不同的是，这些凤凰的颜色不是金色的，而是蓝色的。时隔几百年，凤冠上的蓝色依然鲜艳饱满、闪闪发光，就像永远不会褪色一样。

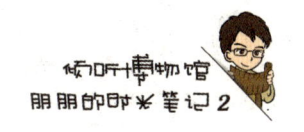

制作这种凤冠需要用到一种特殊的工艺——点翠。那么，为什么点翠能有这样神奇的功能呢？

答案来自一种蓝色的小鸟——翠鸟，点翠所用的材料正是翠鸟的羽毛。

翠鸟是一种吃鱼的小鸟，动作敏捷，长着非常漂亮的蓝色羽毛。古人常拿它的羽毛当作装饰。羽毛好看的鸟儿那么多，为什么独独选择翠鸟呢？因为它的羽毛不仅颜色亮丽，很有光泽，而且永不褪色，有人甚至称它是"软质的蓝宝石"。因此，这种蓝色也就出现在了古人的各种装饰品里。制作点翠饰品的时候，首先要用金片和银片做成各种形状的底座，再把翠鸟的羽毛仔细地剪贴进去，从而形成吉祥精美的图案。

点翠的历史非常悠久，在明清时期发展得最为迅速。不过我们现在已经很少能看见点翠饰品了，因为这实际上是一种非常残忍的工艺。古代的翠羽，为了让那一抹蓝色更加鲜艳，都是趁鸟儿活着的时候硬生生从它们身上拔下来的，想想那该多疼啊。所以到了清朝末年，这种工艺就

已经逐渐被烧蓝取代了,也就是用蓝色的矿物质釉料去代替羽毛。

在现代社会里,各种蓝色的装饰品和工艺品琳琅满目,我们有了更加高超的技术和多样的材料,可以制造出深浅不一的好看的蓝色。虽然戏曲演员的头饰当中仍然会使用点翠,但基本都会用染色的鹅毛和蓝色的丝缎来代替翠羽。人们不再需要点翠"永不褪色"的优点了,这对于翠鸟来说,真是一个很好的消息。

16

被当作鸡食盆的珍宝

截止到 2016 年底,我们国家登记注册的博物馆已经有约 4800 家。这些博物馆中,珍藏着无数深具历史、文化、艺术价值的文物。2002 年,国家文物局在众多珍贵文物中评选出了首批禁止出国(境)展览文物目录,一共包含 64 件(组)藏品。今天我要为你介绍的就是它们当中的一件——陶鹰鼎。

这件文物的出土过程很有意思。1957 年,陕西华县农民殷思义在犁地时发现了一件鸟形陶器,就将它带回了家,做养鸡用的鸡食盆。第二年秋天,他听说北京大学考古系的老师和学生来到附近从事考古发掘,就主动将它送过去,这才知道被他用来喂鸡的这个东西是极其珍贵的文

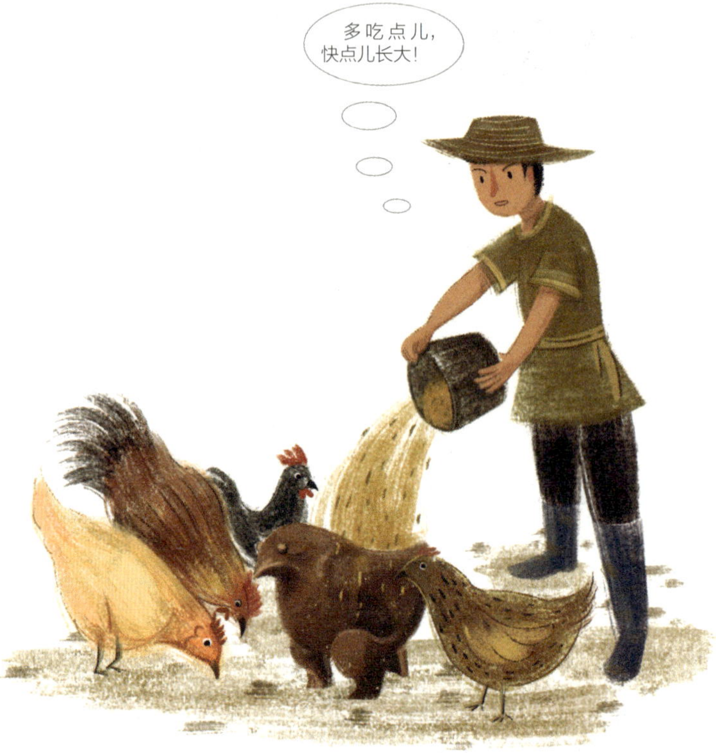
多吃点儿，
快点儿长大！

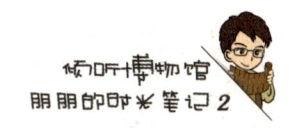

物。后来这件文物被带到了北京，收藏在中国国家博物馆。接下来，我们就通过三个问题来了解一下这件陶鹰鼎。

问题一：它到底是鹰还是鼎呢？这件陶器整体造型十分可爱，是只胖乎乎的鹰的形象，有着突出的鹰头、尖利的鹰嘴、鼓起的双眼，十分生动传神。它的两只翅膀微微收敛夹住身体，既像捕食过后刚刚归巢，又像是积蓄力量正要起飞。古代先民将陶鼎的开口放在了鹰的背部，让它胖乎乎的肚子成为容器，而下垂的尾巴与两条粗壮的腿共同构成了这件陶鼎的支点。总体看来，这件新石器时代的陶器设计巧妙，制作精细，很好地将鹰的艺术造型与鼎的实用功能结合了起来。

问题二：它到底是苍鹰还是猫头鹰？1997年，考古工作者在陶鹰鼎出土地附近的地区，发现了十多件鸟类骨骼的化石标本，除了普通鸟类外，大多数是猛禽，其中包括苍鹰、雕、猫头鹰等。有学者认为，古人之所以把陶器塑造成猛禽的形象，是原始崇拜的一种体现。至于陶鹰鼎的原型到底是哪种鸟，学者们普遍认为，应该是苍鹰。

问题三：陶鹰鼎的用途是什么呢？在出土陶鹰鼎的地方，考古工作者还发掘出了一座古代墓葬，墓葬主人是一位三四十岁的成年女性，同时人们还发现了骨质和石质的陪葬物。因此有学者认为，这件陶鹰鼎和当时的祭祀活动有关，很可能是为了祭祀这位女性而制作的。

陶器的出现改变了人们的生活，古代先民不仅将陶器作为生活用具，也将其作为认识世界的审美载体。这件陶鹰鼎很好地展现了这一点。1993年，这件陶鹰鼎到瑞士洛桑参与了中国北京2000年奥运会的申办活动，向世界展示了中国文化的魅力。2002年，它被列入首批禁止出国（境）展览文物目录。如果你对它感兴趣，不妨走进中国国家博物馆去仔细看一看吧。

17
一种特别的拐杖

先来问你一个小问题：你知道都有哪些人会使用拐杖吗？是腿脚行动不便的老人？还是翻山越岭的探险家？如果你仔细观察，就会发现在生活中有很多人都会使用拐杖。现在，我们就一起来聊聊一种特别的拐杖——鸠杖。

鸠杖，也叫作"王杖"。这里的"鸠"是好多种小鸟的泛称，今天我们能够见到的斑鸠就是其中一种。这种手杖之所以叫作鸠杖，是因为杖首会雕刻成鸠的形状。

早在周代，鸠就被用来象征养老和敬老了，这很可能和鸠的一个生活习性有关。鸠在吃东西的时候很是自如，从不会噎着，所以人们把它叫作不噎之鸟。以鸠杖赠老人，是希望老人也能像鸠一样饮食顺畅、健康长寿。当然，人们对此还有不同的解释，比如有人认为鸠是很有孝心的，鸠鸟可以象征对老人的关爱。

目前已知最早的鸠杖出现于江苏一座春秋战国时期的墓葬中。汉代时，统治者颁布赐杖制度，以法定形式确立了鸠杖作为敬老标志的地位。那时，鸠杖并不是所有人都能使用的，只有七十岁以上的男性才有资格获得国家授予的鸠杖。这么做的目的主要是让人们尊重老人。

尽管汉代关于鸠杖的记载不少，但实物并不多，这又是为什么呢？第一，汉代的生活和医疗条件都不怎么好，能活到七十岁的人并不多；第二，鸠杖只授予男性，女性则没有这样的资格；第三，鸠杖大多是木质的，保存的时间一长容易腐朽损坏。

汉代统治者奉行以"孝"治天下，制定了一系列的养老制度，还专门颁布了"养老令"，在很多方面都给老人以优待。比如说，年满六十岁且没有儿子的老人，如果做点儿小买卖，可以免除一些捐税；如果有人对七十岁以上的老人不尊重，要受到严厉处罚。

对了，我们有个经常说的词语叫作"尊老爱幼"。在古人的认识中，鸠还和小朋友有关系。古人认为鸠在喂养子女的时候，早上按从大到小的顺序喂食，晚上按从小到大的顺序喂食，这样能保证所有的小鸟都吃得好、吃得饱。汉代有一种玩具，叫作"鸠车"，很受当时的小朋友尤其是小男孩的喜爱。想知道鸠车是什么样子的吗？请你自己动手去查一查吧！

18
紫禁城里有座马神庙

传说紫禁城的房子有九千九百九十九间半。数量如此庞大的房子，其用途自然多种多样，有的用于皇帝主持重大典礼，有的用于皇帝日常处理政事，也有的用于皇家日常生活起居，还有一类建筑则与佛教、道教、萨满教等宗教有关。有意思的是，在这些与宗教相关的建筑里，还有一座专门供奉马神的庙宇，那就是马神庙。那么古人为什么要建造马神庙祭祀马神呢？

自古以来，马就与人们的生产生活紧密联系在一起，尤其在生产力低下的古代，马更是必不可少。在农业、畜牧业、交通、战争中，马都发挥着很重要的作用。因此，历朝历代的皇帝都很重视与马相关的事务，不仅推行相关养马制度，设置专门的机构养马、管马，还要求在重要时节祭祀马神。古人祭祀马神的历史可以追溯到三千多年前的周朝。到了明清时期，与马相关的机构变得更为复杂与专业。明代管理马政的机构叫作太仆寺，它不仅要管理皇家车马，还负责推行牧马政令、发展畜牧业。明朝内廷管理御马的机构叫作御马监，清朝康熙年间改名为上驷（sì）院。上驷院掌管着京城的十八座马厩，其中有三座马厩位于紫禁城内，分别牧养皇帝御马、仪仗队伍用马、皇子骑乘用马等。这里的马匹主要是贡马以及从边疆各马群中调配和挑选来的优良马种。上驷院位于紫禁城太和殿东侧的左翼门，地处交通要道，连接内廷与外廷，是皇家出行、大臣进宫的常经之地。上驷院掌管的事务看似不甚重要，但是它的地位很高，因为它的日常工作与皇帝的行止紧密相关，甚至关系到重要政务活动的开展，同时它也是唯一设在紫禁城内的内务府衙署。

明朝初年，永乐皇帝朱棣迁都北京后就在莲花池附近建造了供奉马神的马神祠，每年春秋举行祭祀。后来北京附近的州县也都建造了马神庙。到了清代，北京城不仅保留了明代的马神庙，甚至还在大的庙宇中兴建了马神殿。到了雍正年间，紫禁城里也修建了马神庙，它位于西北角，紧邻城隍庙。

按照清朝制度，每年春秋人们都要祭祀马神。有趣的是，读完的祭词并不会烧掉，而是会拴在马尾上。对了，马神庙里的马神可不止一位，有机会的话，就去各处庙里转转吧，期待你能找到更多有趣的神庙主人！

清明

清明时节雨纷纷,路上行人欲断魂。
借问酒家何处有,牧童遥指杏花村。

廿四节气

19
青铜盘里的美景

博物馆里摆着很多青铜盘,你可千万不要以为它们是用来盛菜、装水果的。它们呀,可是古人用来洗手的水器。

现如今,我们在吃饭以前都要洗洗手,其实古人对于饭前洗手更是重视,甚至有专门洗手的仪式,叫作沃盥（guàn）之礼。商周时期,贵族家里年轻的奴仆捧着铜盘,年长的奴仆捧着盛水的容器,向下倒水,侍奉宾客们洗手。这个盛水的容器有专门的名称,叫作匜（yí）或者盉（hé）,与接水的盘一样,都是青铜的。不过,青铜水器在战国之后就渐渐消失了。

今天,我们要介绍的是收藏在上海博物馆的一件很特别、很有名的青铜盘——子仲姜盘。

"子仲姜"既是青铜盘的名字，也是盘子所有者的名字。盘的内壁上铸有铭文三十二个字，大意为：这是在六月初辛亥日这天，太师为夫人子仲姜所做的盥洗用的盘，此盘既大且好，用来祈求长寿，子子孙孙要永远珍视这件器皿。这段铭文明确说明这件青铜盘的所有者是子仲姜，而这位子仲姜是晋国太师的妻子。铭文中有一句"子子孙孙永用为宝"，这是青铜器的制作者希望它能永世流传并为后代子孙永远珍视的意思。我们在许多青铜器上都能见到类似的铭文，如"子孙永宝用"等。

子仲姜盘盘底有一池美景，上面装饰了好几种浮雕和圆雕的水生生物，鱼、龟、蛙、水鸟一应俱全，俨然一幅水族聚息图。这满池的动物雕塑，有的直接和盘子铸造在一起，有的则是用活扣和盘子相连，能原地做360度旋转。这样设计的精妙之处在于，当水流冲击这些雕塑的时候，它们就会旋转起来，鱼禽如游弋其间，富有生机。

这件青铜盘身世坎坷，一度流失国外，最终由香港企业家叶肇夫先生以重金购得，并由上海博物馆的专家马承源先生鉴定。1997年香港回归前夕，马承源先生写信给叶肇夫先生，表达了希望子仲姜盘能够到上海博物馆展出的意愿。叶肇夫先生不仅爽快地答应了，并且将这件精巧的青铜盘捐赠给了上海博物馆。

目前，流失海外的中国文物还有很多，要让这些文物顺利回家，可不只是多一些像叶肇夫先生这样的人就够了的，它更需要国家、需要每一个中国人去为之努力！

20

五千年前的舞蹈

今天的人们都会在什么场合跳舞呢？有些人会在舞台上表演节目时跳舞，有些人会在和好朋友聚会时跳舞，还有一些人会在锻炼身体的时候跳舞。你看，每天早晨和傍晚总会有很多人一起跳广场舞呢！那在五千多年前的远古时期，先民是怎样舞蹈的呢？今天，我在中国国家博物馆"古代中国基本陈列"中找到了一件珍贵的文物，就让它给你讲讲五千年前的舞蹈吧。

这件文物叫作舞蹈纹彩陶盆，它的发现还挺偶然的。那是1973年的秋天，考古工作者正在青海省大通县上孙家寨村发掘一座汉代墓葬，但是在清理墓道的时候，居然在旁边发现了一座年代更久远的墓葬，这就是距今大约

五千年的马家窑文化的墓葬。在这座墓葬中不仅出土了一些陶器，还出土了穿孔的蚌壳、牛的骨头等文物，当然，最吸引大家目光的还是这件舞蹈纹彩陶盆。那它的特别之处在哪里呢？

其实，它看上去非常普通，又加上被放置在展厅角落的展柜里，所以常常会被参观者忽略。陶盆的外面有一些作为装饰的简单线条，最精彩的部分在陶盆里面：周围一圈平均分布着三组人物形象，每组由五个手拉着手的小人儿组成，这五个人的脸都朝向右边，每个人头上似乎还扎着一个小辫子，三组人物之间以平行的竖线和叶子形状的花纹间隔开来。

很多人认为，他们正在跳舞，但跳的是什么舞呢？有人说，他们正在庆祝丰收，跳的应该是祈求丰产的舞蹈；有人说，他们正在庆祝打猎归来，跳的应该是狩猎的舞蹈；还有人说，他们跳的应该是和祭祀有关的舞蹈，或是为了获得某种神秘的力量，或是为了纪念自己的祖先……不管是以上哪种说法，我们都从他们欢快的舞步当中感受到了当时热烈的氛围。

对了，我要告诉你一个小秘密，这五个人的胳膊是不一样的。最左边那个人的左胳膊，还有最右边那个人的右胳膊，不是只有一条线，而是画上了两条线。这又是为什么呢？难道是因为他们一边长了两条胳膊吗？有人是这样解释的：这是人们在跳舞的时候，手臂抬起来、放下去两个动作的瞬间，古代的先民是在用这种最简单、最质朴的方式表现出一种动态的效果。你觉得这种说法有道理吗？

在三组人物的下面是三条绕陶盆一圈的线条。假如陶盆里面装上水，像不像一群先民正在围绕着水塘跳舞呢？跳舞的时候，欢快优美的舞姿倒映在水中，人们一边跳舞，一边欣赏自己的身姿，那样的景象是不是更加引人入胜呢？只可惜因为年代久远，我们只能去猜测、去想象当时先民的生活是怎样的，有很多问题也许我们永远都找不到答案了，比如，这些先民在跳舞的时候是用什么音乐伴奏的呢？他们的嘴里会不会哼唱一些歌曲呢？

其实，类似这样的以舞蹈作为纹饰的陶盆在青海和甘肃也都有出土，只是数量并不多。在古老的原始社会，古代先民就是用这样简单的方式记录下了他们多彩的生活。

21 汉代最流行什么舞蹈

唱歌和跳舞是人们放松的两种方式，闲暇时听听曲子跳跳舞，是非常有意思的消遣。那么当时间倒回到两千多年前的汉代，那时的舞蹈是什么样子的呢？那时候最流行的舞蹈又是什么呢？让我用一件玉舞人告诉你！

虽然只是一块玉，但这件玉舞人却雕刻出了两位舞娘，她们并排站在一起，个头儿和造型基本相同，有着我国传统审美里比较秀气的长相，都是细长的眼睛、高高的鼻梁和小小的嘴巴。两人发型也差不多，头上长发圆盘，下面还垂着一条辫子。

她们身上穿的是典型的汉代服饰，都是长袖曲裾的长袍。曲裾就是把长长的衣襟缠绕在身上，形成螺旋形的漂

亮层次。长袍是上下相连的，需要用长长的带子勾勒出身姿。长袍下摆是拖地的，还被裁出了大小不同的四个尖角，上宽下窄，有点儿像西方的燕尾服。从尖角之间露出的部分，我们可以发现在外袍里还有好几层衣服呢。

看来看去，她们差别最大的要数动作了。左边的舞娘右手的长袖卷在手臂上向下甩，左手则向上甩。右边的舞娘双手拢在腰间，长袖紧紧贴着衣服垂下。工匠用高超的技艺，像拍照一样把两人优美的舞姿定格在了这个瞬间。

这样精致的服装和优美的舞姿，到底是什么舞呢？文献记载这种舞蹈叫"翘袖折腰之舞"，汉高祖刘邦最宠爱的戚夫人就很擅长这种舞。这种舞最主要的特点就是弯曲身体，挥舞袖子，真可以说是名副其实呀！它最早盛行在战国时代的楚国宫廷里，浪漫的楚国人很喜欢这种柔美、灵动的舞蹈。有个成语叫"长袖善舞"，原意就是说穿长袖子的衣服跳舞容易跳得好看。

风姿绰约的玉舞人很受汉代贵族妇女的喜爱，常被当作佩戴的装饰。目前已经出土的玉舞人基本都出自诸侯王女性亲属的墓葬。不过，这件玉舞人的出处比较特别，它是在汉宣帝刘询的陵庙遗址里发现的。并且，相较于大多数玉舞人都是平平的一片，这种立体的雕塑很是少见。

这件玉舞人到底被用来做什么呢？有人说，它是皇帝摆在几案上的陈设品，就像我们在自己的桌子上放的艺术小雕塑一样。你觉得呢？

22

洒脱自在的竹林七贤

你听说过这样一群人吗?他们生活在动荡混乱的魏晋时期,虽然大多出身名门并且拥有高学历,却整天不问世事潇洒快活。他们究竟是谁?

世人称他们为竹林七贤。在南京出土的一件南朝时期的竹林七贤画像砖上,我们能一睹这几位文人墨客的风采。手拿如意的王戎、饮酒的山涛、长啸的阮籍、弹琴的嵇康、沉思的向秀、举着酒杯的刘伶、弹奏着阮的阮咸,他们大多神情淡然,展现出一种寄情山水的姿态。但历史上的他们真的是这样吗?

这就得聊聊当时的社会环境了。魏末晋初的时候,政治局面动荡不安,当权者经常为争夺权力殃及无辜,

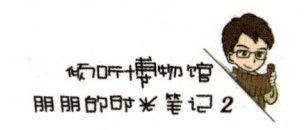

一直受儒家思想影响的士大夫阶层无力改变现状，于是开始寻找其他的精神慰藉，竹林七贤就是这一时期士大夫阶层的典型代表。无止境的战争和政治腐败使他们痛苦不堪，为了寻求心理上的安慰，他们提出淡泊名利、快活逍遥的玄学思想，并很快被社会推崇。这一时期的文学、美术都受到玄学思想的影响，甚至一些达官显贵的墓室都要用竹林七贤的形象做装饰。

其实，如果你亲眼看见这件画像砖一定会大呼骗人，竹林七贤明明是七个人，怎么砖上有八个人呢，那多出的一个抚琴唱歌的人是哪里来的？想来，这第八位很可能是工匠为了画面构图均衡而加上去的。不过，工匠也应当下了一番心思。这多出来的一位叫作荣启期，是春秋时代的一位隐士。虽然他是比竹林七贤年长七八百岁的老前辈，但思想可不陈旧，与竹林七贤一样，都提倡隐居避世，专注于自己内心的修养。

虽然是竹林七贤，不过画像砖上的树大多是杏树而非竹子，这又是为什么呢？其实，人们最初对竹子并没

有特别的关注,大约在东晋时期,人们才慢慢赋予竹子端正廉洁的寓意。有学者认为,竹林七贤的"竹林"只是河南焦作的一个地名而已。杏树较多则与道教有关。相传三国时期的吴国有一位叫董奉的医生,他信奉道教,行医不收钱,被他治好的人都需要在他家周边种杏树,患重病被治好的种五棵,患小病被治好的种一棵。等杏树结果,人们可以用米来找他换取杏,而这些米又被他用来救济有需要的人。在董奉去世之后,村民们为了纪念他,便在杏林祭拜这位宅心仁厚、医术精湛的医生。从此之后,杏树便和道教联系了起来。这么一看,竹林七贤画像砖上的五棵杏树,正好和他们的思想相呼应,实在是再合适不过了。

谷雨

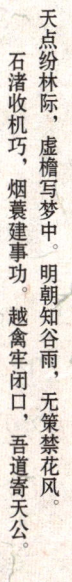

天点纷林际,虚檐写梦中。明朝知谷雨,无策禁花风。石渚收机巧,烟蓑建事功。越禽牢闭口,吾道寄天公。

23

清代皇帝的"掌上明珠"

你去过中国国家博物馆的"古代中国"展厅吗？在展厅的清代部分，你可以看到两幅皇帝的画像，一幅画的是康熙皇帝，另一幅画的是乾隆皇帝。在画像上，两位皇帝的脖子上都挂着一串长长的珠串，珠串的一端还被捏在手里把玩。这是清代冠服中的朝珠，据说起源于佛教所用的念珠。

朝珠的主体部分总共有108颗珠子，有人说，人生有84000种烦恼，浓缩后就是108种；有人说，108颗其实是12个月、二十四节气以及72候（5天为1候）的总和。在这些珠子之外，还有4颗其他材质的大珠子，把这108颗珠子分成均等的4段，代表4季。朝珠两侧还

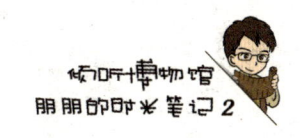

系有3串小珠，叫作"纪念"，也叫作"三台"，每串有10颗珠子，有人认为这刚好代表1个月的30天。

朝珠的材质多种多样，但大多都是贵重材料，比如青金石、碧玺、翡翠等玉石材料，菩提子、沉香、檀香木等木质材料，还有象牙、牛角、珊瑚、珍珠等动物材料。佩戴的人的身份等级不同，朝珠的材质也不同，比如皇后要挂三盘朝珠，一盘是东珠，两盘是珊瑚珠，而皇贵妃也要挂三盘朝珠，一盘是蜜蜡珠，两盘是珊瑚珠。另外，人们还会根据佩戴的场合选择不同的朝珠，比如皇帝祭天用青金石朝珠，而祭地则是用蜜蜡朝珠。

在所有制作朝珠的材料里，产自东北白山黑水间的东珠最为珍贵，仅供皇帝、太后及皇后佩戴。这种珍珠生长在黑龙江、乌苏里江、鸭绿江流域的淡水珠蚌里，需要在乍暖还寒的4月跳进冰冷的江水里采捕，而且在采捕出的成百上千的珠蚌里最多只能得到1颗上好的东珠。采集东珠最基本的组织叫作"珠轩"，是1个由30人组成的小团队，他们的唯一任务就是每年上交16颗符合标准的东

珠，皇帝那串108颗的朝珠，需要7个这样的小团队辛苦1年才可以完成。其实，东珠在其他的朝代并不是皇帝皇后的首选。为什么清朝皇帝这么喜欢东珠呢？因为东北是他们的祖先生活和发展的地方，皇帝们是在用这样的方式来表达对祖先的尊崇和对传统文化的继承。在今天的故宫博物院中保存有三百多件清代朝珠，如果你到珍宝馆里参观，就能够看到这种珍贵的东珠朝珠。

除了皇室成员之外，还有哪些人可以佩戴朝珠呢？五品以上的文官、四品以上的武官，在穿朝服和吉服时要挂朝珠，皇帝近侍的一些官员，品级虽然比较低，但也是可以佩戴朝珠的。官员的朝珠除皇帝赏赐外，大部分都需要自己置办，如果实在没钱，可以选择"买旧货"，也可以选择"买赝品"，比如瓷珠就是一种不错的选择。

官员要佩戴朝珠，官员的夫人也是要佩戴朝珠的。那么朝珠分不分男女呢？有人说，可以从三台的位置来看，两串在左的是男，两串在右的是女。但实际上这种说法并不对，清朝后妃佩戴朝珠时，也是两串在左的，只有等级地位较低的命妇才会两串在右。

所以，你看出来了吧，朝珠在清代除了美观，更多的是一种身份地位的象征呢。你的身边有这种标志身份地位的物件吗？

24
皇帝家的钥匙长什么样

你有自己家的钥匙吗？它们是什么样子的呢？你知道吗，我们今天生活中经常使用的钥匙，在古代可是有着很多不同的称呼、不同的形状呢！那么我们就来说一说古代钥匙的故事吧。

古希腊盲诗人荷马的长篇史诗《奥德赛》里就有关于钥匙的描述。不过，钥匙最早诞生在哪里呢？很多人认为应该是在古埃及。19世纪末，英国的考古学家首次在古埃及遗址中发现了一种一头儿挖了小孔的圆柱形木料。之后，考古学家们又陆续发现了好几个类似的物件，但是它们到底是做什么的，就没人能说得清楚了。直到后来，人们看到类似的木栓在埃塞俄比亚被用来当作钥匙使用，

才茅塞顿开。

讲了外国的钥匙,那我们中国的钥匙又有着怎样的历史呢?今天人们常说"一把钥匙开一把锁",那钥匙和锁是一起出现的吗?其实,最早的锁类似于能够从房间里面扣上的门闩,并没有钥匙。这种门闩古时叫作"关",这下你知道我们常说的"关门"是什么意思了吧。再后来,古代人发明了从外面关门的门闩,而且在门闩上设计了一个可以垂直插进去的小木棒,人们给它起名叫作"键",很多人认为这就是中国古代最初的钥匙了。

要特别说明的是,在中国古代,钥匙中的"钥"不仅可以用来指开锁的钥匙,还可以代表"锁"。大概在唐代之后,钥匙和锁才分别有了自己的名字,并在古人的生活中扮演着越来越重要的角色。

接下来我们说说紫禁城里的钥匙吧。清代的紫禁城需要上锁的地方很多,大到皇宫的各处大门,小到盛放奏折的匣子、皇帝寝宫中的衣柜以及后妃寝宫中的首饰盒。既然是皇家用的锁和钥匙,那自然和普通老百姓用的不一样。

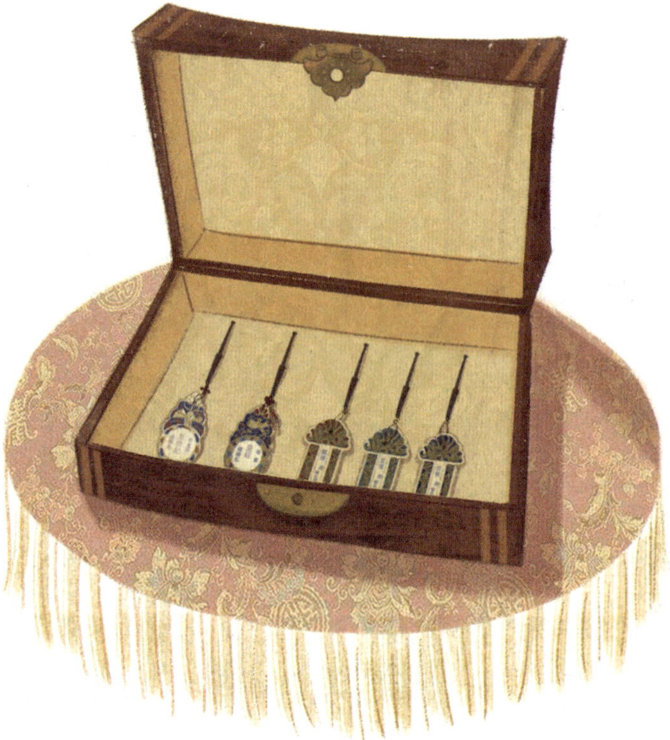

虽然它们大多也是用铜做成的，但上面会錾（zàn）刻着精美的花纹，有的还会镀金，看上去极为奢华。请你想想看，装饰着龙纹的锁，闪着金灿灿的光芒，活像个英勇神武的战士似的，多耀眼呀！

你现在是不是在想，紫禁城那么大，那得需要多少锁、多少钥匙呀！那么多的钥匙和锁，弄混了可怎么办呢？你是不是会建议他们在钥匙上贴个标签呢？其实，皇宫里重要的钥匙都是需要配备一个钥匙牌的，这些钥匙牌大多是用象牙做的，上面还会雕刻上精美的花纹，它的功能跟我们在钥匙上贴的标签是一样的，只不过比标签要贵重得多。

那谁来掌管门锁的钥匙呢？紫禁城里可是有着严格的门钥制度的。皇宫重要的宫门都由护军营的守卫们把守着，每天傍晚，守卫们会负责把这些宫门都锁好，然后把钥匙交给当天值班的"司钥长"管理，第二天早上再从司钥长那里把钥匙领出来，开启各个宫门。那如果遇到紧急情况，需要半夜开宫门怎么办呢？这个问题的答案藏在《紫禁城里的通行证》这篇文章里哟!请你和爸爸妈妈一起去找找答案吧。

对了,管理皇帝家钥匙的人叫作司钥长,那你家的"司钥长"是谁呢?

25

太和殿里的大龙椅

为了能坐上高高在上的龙椅，很多人不惜通过战争、政变等办法来达到目的。因为年代久远，很多朝代的龙椅今天都找不到了，但在紫禁城的太和殿里，你还是可以看到一把非常庄严霸气的髹（xiū）金大龙椅。你知道它有着怎样的传奇经历吗？

很多人称赞这把龙椅气势非凡。它到底气势非凡在哪里呢？第一是形体高大，椅面非常宽，坐好几个人都没问题；第二是椅上装饰的龙很有气魄，比如组成背圈的三条金龙，设计得相当巧妙，既满足了椅背的实际需要，还充分展示出了金龙蜿蜒盘曲、凌空飞翔的效果；第三是和周围的环境很协调，龙椅和背后的屏风、六根金色柱子等等

相互辉映，更显得整个宫殿金碧辉煌。

其实，这把龙椅有着非常坎坷的经历。1915年，袁世凯想当皇帝，但总觉得这把龙椅不好看，就把它挪到别的地方去，重新制作了一把中西结合的椅子。这把椅子放在髹金雕龙的大屏风前面还真是不伦不类。到了1947年，故宫博物院想把这把难看的椅子撤去，换上原来的龙椅，这时人们才发现，那把龙椅已经不知去向了。直到1959年，文博大家朱家溍先生才对照着一张1900年的老照片，在一处放置旧家具的库房里找到了这把已经残破不堪的髹金大龙椅。1963年，故宫博物院组织油工、木工、雕工等不同专业的工人，对照着乾隆皇帝营建的宁寿宫里的龙椅，又对照着康熙皇帝的画像，用了一年多的时间恢复了它的面貌，于是才有了我们今天看到的太和殿里的大龙椅。

那这把龙椅到底是哪个皇帝派人造的呢？根据朱家溍先生的研究，它应该是明代制作的，很有可能是嘉靖皇帝在重修奉天殿的时候留下的。嘉靖还为宫殿改了名字，叫作皇极殿。到了清代顺治年间，皇极殿被改名为太和殿。

康熙皇帝重修太和殿时,当时的工匠对这把龙椅进行了修理,后来一直沿用到清朝灭亡。

对了,这把龙椅用到了一个很重要的工艺,叫作髹金。那什么是髹金呢?髹金是一种在器物表面漆金的方式,漆金主要有两种方法:一种是在木头的表面打上胶,然后贴上薄薄的金箔,接着按压均匀,叫作贴金;另一种是把金子磨成粉,调成糊状,刷在家具上,称作罩金。漆金之后在器物表面再涂一层清漆,使家具呈现出莹润透亮的金质光泽。根据使用的场合不同,龙椅的装饰等级也是不一样的,通体髹

金的龙椅等级是很高的。如果我们仔细数数就会发现这把鎏金大龙椅上居然盘绕了十三条金龙，足见它的珍贵。

估计有人会问，这把龙椅坐上去到底舒不舒服呢？说实话，我也没坐过，但据我猜测，龙椅虽然很华美，可是坐上去应该不会那么舒服。因为它实在是太宽大了。据说皇帝在升座的时候，要在龙椅的三面都放上厚厚的垫子，这样才能保证在比较舒适的状态下保持天子的威严。

26
雍正皇帝的眼镜放在哪儿

很多小朋友因为不注意保护眼睛，小小年纪就戴上了近视镜，而老人也会因为老花眼而戴上眼镜。对很多人来说，在日常生活尤其是阅读过程中，眼镜是离不开的重要工具，那古代日理万机的皇帝要是看不清东西该怎么办呢？他们也会戴眼镜吗？

首先我们来说说眼镜是什么时候出现的。有学者说，眼镜在中国的诞生和北宋一位叫作史沆（hàng）的官员有关，有文献记载说他曾经用水晶片来查看案卷。后来，元代来到中国的旅行家马可·波罗也在他的游记里写过中国的老人为了清晰地阅读而戴着眼镜。但真正的玻璃眼镜，应该是在明代从欧洲传入中国的，后来的中国工匠们，用

水晶来代替玻璃仿造欧洲式样的眼镜，这些眼镜做工精细、小巧玲珑，成为很多贵族身上的常备之物。直到清代中期，眼镜还是非常珍贵的，被视作"贵值兼金价"的稀罕物。

　　清代的雍正皇帝就是位眼睛近视的皇帝，他的眼镜长什么样子呢？雍正皇帝的眼镜是由内务府造办处专门制作的。人们在查阅了关于雍正皇帝的很多档案后发现，在他当皇帝的前七年里，居然做了各式眼镜共三十五副，其中既有水晶的也有玻璃的，镜片都是圆形的，眼镜架尽管材料不一，但都很珍贵。雍正皇帝很珍爱自己的眼镜，但也会把眼镜赏赐给大臣，比如，他有一次听说江南河道总督的视力不太好，就委托这位总督的家人给总督带回去了一副自己常用的眼镜。

　　说到这里，你一定忍不住会问，雍正皇帝有这么多眼镜，平时都保存在哪里呢？原来，这么多的眼镜并不是集中收纳在一个柜子里的，而是各自安放在他经常出现的地方，比如紫禁城和圆明园的某些宫殿里，包括他的銮驾里都放着眼镜，这样便于他每到一个地方都能随手取用。如

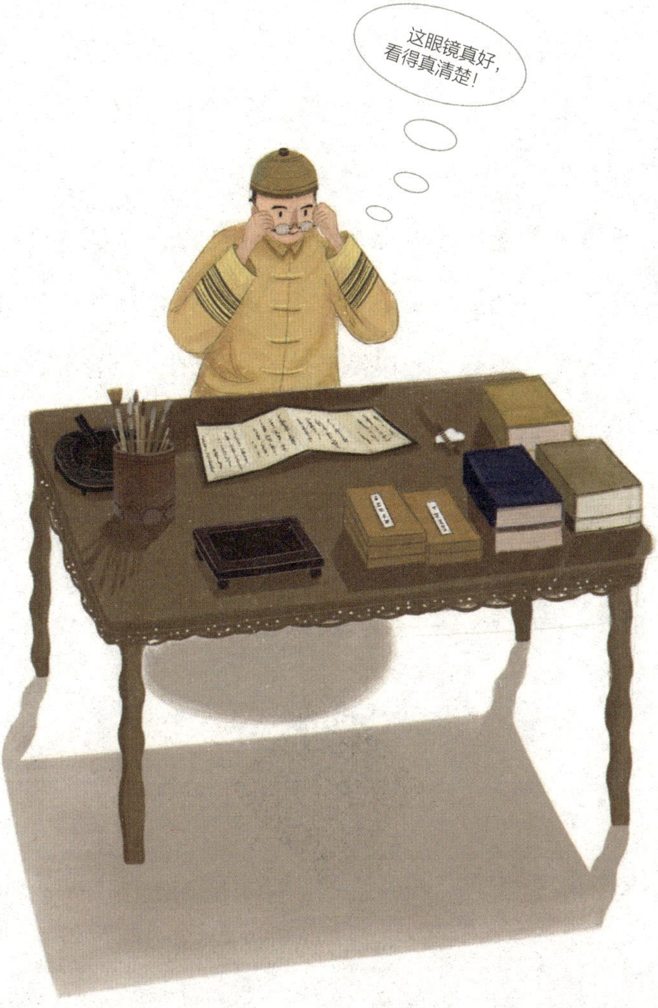
这眼镜真好，
看得真清楚！

此看来,雍正皇帝平常走路的时候应该很少戴眼镜,只有在阅读的时候才使用。当然了,古代也只有皇帝才能在那么多地方放上眼镜,对于普通老百姓来讲,有一副眼镜都是一种奢望。

眼镜虽然珍贵,但也并不是所有的皇帝都能接受这样的新鲜事物,比如雍正皇帝的儿子乾隆皇帝就很排斥用眼镜。有人说,不喜欢戴眼镜是他不服老的一个表现,是为了让大臣们觉得他还很健康。你觉得这种说法有道理吗?

立夏

槐柳阴初密,帘栊暑尚微。
日斜汤沐罢、熟练试单衣。

廿四节气

27

古人为什么喜欢槐树呢

说到槐树，相信你并不陌生，不论是在乡下的村庄里，还是在城市的公园中，我们都能看到槐树的身影。每年四五月份时，槐花的香气弥漫在空气中，更让人们能真切地感受到春天的芬芳。其实，不仅今天的人们喜欢槐树，古人更喜欢。那么，我们就来说一说槐树的故事吧。

槐树大多生长在北方，在黄土高原、华北平原等地更是多见，我的家乡陕西就有很多槐树。从古至今，槐树因为它丰富的实用功能被广泛应用到人类的生产生活当中，也渐渐地被人们赋予了很多文化意义。

我们就先来说说它的实用价值吧。首先，槐树的木质特别坚硬，很耐烧，是优质的燃料，古人认为不同的季节要使用不同的木材作为燃料，而槐树是冬天里最好的选择。其次，槐树的花和叶是可以食用的，它们最初是人们在饥荒时迫于生计的选择，后来被发展成了各式美食，比如唐代人会用槐叶的汁液来和面，做成爽口消暑的美味凉面，夏天吃正合适，杜甫还专门写了首诗《槐叶冷淘》来记录这种食物；再比如，直到今天，陕西和山西等地的人们还会在春天用槐花来做成槐花饭，味道非常棒。再次，古人还认为槐树有着很高的药用价值，尤其是槐树的果实能治疗很多病。最后，槐树还具有一个很重要的功能，那就是行道树，在唐代的时候，除了供政府使用的官道两边要种植槐树外，长安城的街道上也种了很多槐树。

　　槐树不仅有这么多实用功能，古人还赋予了它很多神异的文化象征。比如我们从槐树的名字中就可以看出来，"槐"字的右半部分是神秘的"鬼"字，古人认为槐树有着某种神秘的力量，能够沟通人间和鬼神的世界。有些民间故事中仙女下凡的情节就发生在槐树底下，最著名的就是董永和七仙女的故事了。当然，槐树的文化象征还表现

我的面一定是最好吃的！

在另外两个方面：第一，槐树是很长寿的树种，树龄大都比较长，古人渐渐就认为槐树有灵性了；第二，槐树的枝叶比较繁茂，古人认为它能够起到保佑子孙后代的作用。从这两个方面看来，家里种棵槐树还真是个不错的选择。

对了，槐树在古代的时候还深受读书人的喜爱，这又是为什么呢？原来，早在周代的时候，槐树就是三公的象征。三公分别是太师、太傅和太保，它们可是当时臣子当中最高的官职了，所以，古代的读书人用槐树，尤其是用三槐来作为将来飞黄腾达的一个寄寓。渐渐地，槐树也就和古代的科举考试联系在了一起，被视为科考高中的吉兆。

28
梧桐树上会落凤凰

古人认为，地上走兽以麒麟为长，天上飞禽以凤凰为长。凤凰可是地地道道的百鸟之王，它被看作是美好的象征，能给人们带来吉祥。既然凤凰的地位不一般，那它的生活当然也得不一般，在民间传说中，凤凰吃的是竹子的果实，喝的是甜美的泉水，住的是高大的梧桐树。那凤凰为什么会选择住在梧桐树上呢？是我们常在路边见到的那种梧桐树吗？现在，我们就说说凤凰和梧桐的故事吧。

其实，早在《诗经》当中，凤凰和梧桐就已经有了联系。在《诗经·大雅·卷阿》里这样写道："凤凰鸣矣，于彼高冈。梧桐生矣，于彼朝阳。"什么意思呢？就是说梧桐树生长茂盛，在朝阳中引来了凤凰的啼鸣。在后世的很多典籍中，我们都可以看到关于凤凰和梧桐的描述。因为凤凰代表着吉祥好运，所以古人特别期望能看到凤凰显现，于是就在很多地方都种上了梧桐树。老百姓家里种，皇宫里也会种，比如春秋时代吴王夫差的梧桐园、汉代的上林苑，大家都期待着梧桐树能引来凤凰栖落。

古人眼中的梧桐又是怎样的呢？梧桐树有着高大的身姿，也有着繁茂的枝叶，在古人心中，梧桐可不是普通的树，而是有着很特别的灵性的树。人们发现，立秋时节一到，梧桐树就会落下第一片树叶，报告秋天的到来，正所谓"一叶知秋"。除了能够感知秋天的到来，梧桐树在古人心中还有着很多其他的灵性，比如，有人说它的每条枝上平年的时候会生出十二片树叶，而到闰年的时候会生出十三片树叶，等等。梧桐树的这些灵性，让它成为古代诗人们赞美的对象，留下了很多美丽的诗句。请你回忆一下你读过的唐诗宋词，有没有写到过梧桐树的？诗人们是怎么描绘它的，是不是都在赞美它？

对了，凤凰选择的可不是今天我们在路边常看到的法国梧桐，也不是开着淡紫色花朵的泡桐，而是我们地地道道的中国梧桐。中国梧桐的树干端直粗壮，树皮也很光滑，开着淡黄绿色的小花，因为树皮是青绿色的，所以也叫作青桐、碧桐。当然了，古人喜欢梧桐不仅是因为它好看，也因为它生长速度比较快，具有很多实用价值，比如用来制作乐器就很不错，甚至有人认为用梧桐制作的古琴弹奏出的声音也能吸引凤凰到来。

那凤凰为什么会选择梧桐树呢？我们开篇就讲到凤凰是百鸟之王，而梧桐也同样有着王者风范，被古人称作树中之王。也许，人们之所以选择让凤凰落在梧桐树上，就是因为它们两个地位相匹配吧。不过也有人觉得没这么复杂，可能就是因为梧桐树高大魁梧，凤凰落在上面会更有气势，也更容易让大家看到。你觉得呢？

29

宰相家的六十吨胡椒

昨天有人问我,花椒和胡椒有什么不一样。其实花椒和胡椒看似相同,味道和样子却都有差异,它们最大的区别就是:花椒是国产的,胡椒是外来的。

关于胡椒的产地,历来说法不一。有的说胡椒产自西域,是张骞出使西域带回来的,《齐民要术》中就将西域作为胡椒的产地;有的说胡椒产自印度,《后汉书》里有相关的记载;还有很多官方修订的史书认为胡椒产自波斯……虽然答案不一,但都说明了胡椒的确是外来的物种。

关于胡椒的传入时间也有争议。有人说胡椒是由张骞引进的,但在史书记载中由张骞带来的物产里并没有胡椒。最早的相关记载出现在西晋,因此胡椒很有可能是在两汉

三国时期传入中国的。

那么胡椒的用途都有哪些呢？首先，胡椒可以用来治病，据东晋医学家葛洪记载，将三四十粒胡椒泡在水里一饮而尽，可治疗霍乱；第二，可以用来调味，《齐民要术》中介绍了"胡炮肉"，即一种使用胡椒等西域香料制作的羊肉菜肴，先将羊肉切薄片混入葱、姜、盐、胡椒等调料腌制，然后放入洗净的羊肚内，将羊肚缝上放入加热后的灰土中，并继续在土上用火烧烤直至肉变熟，据说香味扑鼻；第三，可以用来酿酒，据说用胡椒酿的酒可以祛风保暖，尤其适合在冬天饮用；第四，可以用来煮粥，正如茶叶煮粥一样，古人认为用胡椒煮粥可以增强食欲，促进消化；最后，专门的胡椒制品还可以用作武器，能够起到刺激敌人双眼的作用，有点儿类似于"催泪瓦斯"。

历史上有一个关于胡椒的很有意思的小故事。唐朝有个宰相贪污腐败，被查抄家产时，人们在他家里居然发现了八百石胡椒，换算成今天的计量单位大约是六十吨。贪官储藏胡椒，那是因为当时的胡椒是奢侈品，并不是所有人都能享用的。大约在明朝郑和下西洋之后,很多东南亚小国开始用胡椒来换取中国的丝绸,这种贸易往来甚至带动了东南亚种植胡椒的风气,也使得胡椒在明万历之后逐渐普及,走进了平民生活,完成了它由奢侈品到日常调料的身份转变。现在你知道了胡椒背后的这么多故事,下次妈妈做饭时,就给她讲讲胡椒的秘密吧!

30
西红柿炒鸡蛋的历史

有道家常菜，很多人都喜欢吃，也是很多人学做的第一道菜，那就是著名的西红柿炒鸡蛋。

鸡蛋是我们的祖先在很久以前就纳入食谱的一种食材。南京博物院里陈列着一罐从江苏一座西周墓里出土的鸡蛋，虽然已经石化了，但那是迄今为止我国发现的最早的鸡蛋实物。

古代人把鸡蛋叫作"鸡卵"，也有叫作"鸡子"的。著名的《齐民要术》中就记载了一道叫作"炒鸡子"的菜，古代人形容冰雹特别大也会用"大如鸡卵"这个词。大约到了元代，开始有了"鸡弹"这个称呼。你肯定注意到了，这里写的是子弹的"弹"，不是彩蛋的"蛋"。在当时很

多反映市井生活的杂剧中，都出现过"鸡弹"这个词。从"鸡卵""鸡子"到"鸡弹"，人们对鸡蛋的称呼越来越口语化。

"鸡蛋"这个词最迟出现在明代。清代中期之后，人们渐渐习惯了"鸡蛋"的称呼。战国时代的《墨子》中有"以卵投石"这个词，到了清代，便被口语化为"鸡蛋碰石头"了。

我们再来说说西红柿，也就是番茄。一听到"番"字，就知道它和外国有关系。西红柿原产自南美洲的森林里，据说最初因为颜色太艳丽，没有人敢吃，于是只被当作观赏植物。大概在公元16世纪，也就是中国的明代，西红柿传到了欧洲，再后来才辗转传入了我国。所以，如果我们穿越到唐朝，是吃不到西红柿炒鸡蛋的。

类似于西红柿这样从国外来到我国的食物还有很多，比如番薯、番石榴、玉米、马铃薯等等，你还知道其他的吗？

最后再来说说"炒"。古代虽然有很多种烹饪的方法，比如蒸、煮、烤……但"炒"这种做法出现得很晚，大约

到了宋代才渐渐走入大众生活。

　　关于西红柿炒鸡蛋的故事我们先讲到这里。不知道你有没有感到惊奇，这样一盘普通的菜，居然可以讲出这么多的历史。其实历史、文化、艺术离我们并不遥远，就存在于我们的日常生活中，静静地等待着你去发现。

小满

夜莺啼绿柳,皓月醒长空。
最爱垄头麦,迎风笑落红。

廿四节气

31
古代的存钱罐长这样

很多人的书桌上都会放一个存钱罐,有的是小猪造型,有的是招财猫造型。你的存钱罐长什么样子呢?说起来你可能不太相信,其实早在两千多年前,人们就已经开始使用存钱罐了。

根据历史资料的记载,早在秦代,人们就已经用上了存钱罐,很多文献中把它叫作"缿(xiàng)"。其实缿就是个小罐子,大部分是陶制的,它只在顶部有一个或者两个狭长的开口,开口的大小是根据钱币的大小设计的,钱放进去后就不能拿出来了,要想拿出来只能打碎这个罐子。

所以,后来的人们给这种存钱罐起了一个更加形象的

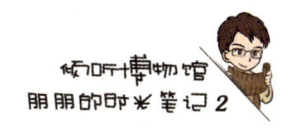

名字——扑满。在一本叫作《西京杂记》的书里面这样解释："扑满者，以土为器，以蓄钱具，其有入窍而无出窍，满则扑之。"这里的"扑"是打破的意思。再之后，这种存钱罐的名字也更加多样起来，比如在民间人们会把它叫作"积受罐""闷葫芦"等等。

存钱罐最早并不是为了积攒零钱而设计的，它有着更加重要的用处。根据秦朝法律的规定，商人们在市场里做生意的时候，赚到的钱必须马上放进特制的"钱缿"里。为什么要这样做呢？一来，国家对这些商人的经营活动是要收税的，这样做便于统计商人赚了多少钱，该交多少税，避免瞒报的情况；二来，可以防止有人拿不好的钱到罐子里去换那些好的钱。这样看来，扑满最初是为古代货币及税收制度服务的，而不是供人们存钱用的。

唐代之后，扑满的制作工艺越来越成熟，不仅出现了比较统一的形象和风格，甚至还出现了带有铭文和花纹的瓷扑满。对了，在陕西西安的大唐西市博物馆的展厅里就有两个唐代的扑满，里面是空的，所以就有人猜测，这很

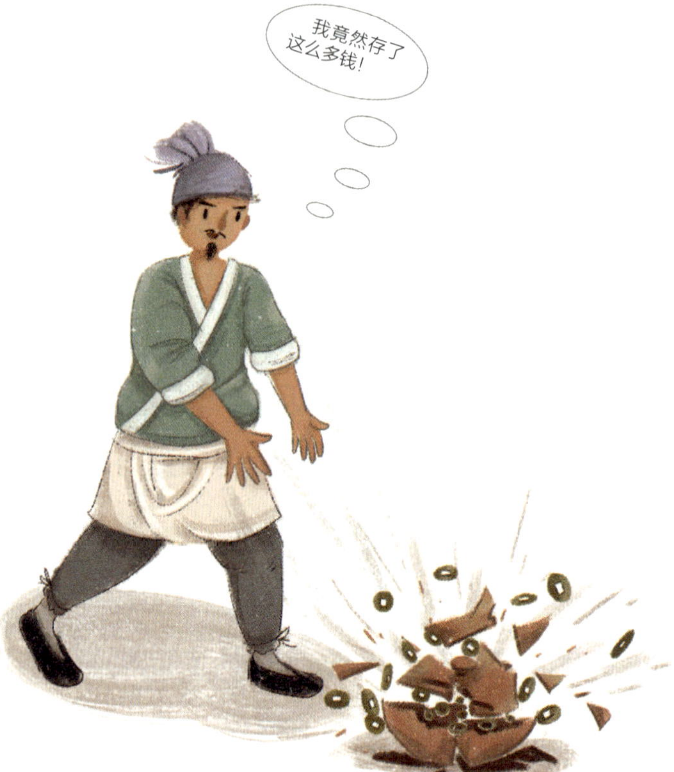
我竟然存了
这么多钱!

有可能是当时还没卖出去的商品。再后来，到了明清时期，扑满的功能慢慢退化，但它仍然存在于人们的日常生活当中，受到了孩子们的喜爱。

扑满只有入口没有出口的特殊设计，引起了古代诗人的关注，也让扑满的形象出现在了许多诗歌当中。它被当成是节俭、清廉的象征，体现着一个做人的道理：如果太过贪心，总想收获而不想付出，到头来的结局就会像扑满被打破一样，落得一场空。

你觉得这样说有道理吗？

32
是大货车也是小舞台

你见过骆驼吗？骆驼被称为"沙漠之舟"，是穿行沙漠的重要交通工具。古人行走丝绸之路的时候，全靠它驮人载货。普通的骆驼一般会驮一到两个人，可是在历史上，却有"大力士"骆驼一下子驮起了五个人，这是怎么回事呢？

在中国国家博物馆的"古代中国"展厅里，有一件叫作骑驼乐舞三彩俑的文物。骆驼昂首挺立，看上去非常神气，它的背上搭着一个小台子，台子上铺着漂亮的长毯，上面足足有五个人。中间那位长着大胡子，一看就是来自西域的胡人，他的嘴巴张开，右手握拳前伸，左手藏在袖内，可能正在唱歌跳舞。如果你骑过骆驼就

会知道，走起来的骆驼摇晃得很，人在骆驼背上是很难保持平衡的，中间这位大胡子不仅能平稳地站立在台子上，还能随着节奏自如地唱歌跳舞，这需要多么高超的技巧哇！围着这位能歌善舞的胡人的是四位乐手，其中两个是长着大胡子的胡人，两个是中原的汉人，他们正演奏美妙的音乐给中间的胡人伴奏。

可是，骆驼背上真的可以坐五个人吗？

骆驼分为单峰驼和双峰驼，双峰驼比较驯顺，容易骑乘也很能载重，它至少在公元800年前就已经被人们驯化了。双峰驼长着两个驼峰，身高一般在两米左右，能够负重二百五十公斤，可以运载丝绸、宝石、香料等各种珍贵的货物，堪称丝绸之路上的"大货车"。

不过，五个成年男子的体重加起来肯定超过二百五十公斤了。坐这么多人，骆驼真的不会被压垮吗？有人说并不会，因为这些骆驼不是普通的骆驼，而是经过特殊训练的骆驼。在陕西历史博物馆里还藏着一件足足驮了八个人的三彩骆驼载乐俑呢！但也有人说，这应该是种

夸张的表现形式，因为即使经过特殊训练，五到八个人也的确太多了。只能说制作三彩俑的人很可能见过骆驼驮着几个人表演节目的景象，然后进行了适当的夸张。

这种骑在骆驼上的表演是唐代百戏的一种杂技节目。百戏是古代乐舞杂技表演的总称，在秦汉时期就有了。唐代的百戏大致可以分为两大类，一类是杂技，比如舞马、爬竿，另一类是歌舞戏，就是通过歌舞表演来讲故事，比如《兰陵王》《踏摇娘》。当时长安城里的商业区"东市"和"西市"都有专门的百戏班子，他们会自发进行表演，有时也会有人花钱雇用他们表演，据说唐玄宗就曾经花钱"召两市杂戏以娱贵妃"。

不过，你瞧骑驼乐舞三彩俑上的人，不仅要有奏乐、唱歌、跳舞的才能，还得掌握在骆驼背上保持平衡的杂技技巧。这样的表演一定很精彩，也难怪连皇帝都会心动呢！

33 西晋贵族最喜欢的交通工具

你平时出门都会乘坐哪些交通工具呢，飞机、高铁、汽车、轮船？生活在工业科技发达的今天，各种各样的交通工具都在服务着我们的生活。可是你知道在这些现代化交通工具出现以前，古人乘坐什么去上班或者郊游吗？聪明的你一定会想到马车，因为马在周代就被人们驯化，开始服务于人们的生活。然而你可能不知道，在西晋时期，牛车才是时代的宠儿，不仅贵族争先恐后地乘坐，甚至连当时的皇帝也将牛车作为自己的御用车。

其实，在西晋之前，贵族还是以乘坐高头大马为荣的。那么你知道为什么马车会被牛车取代，独享西晋贵族的喜爱吗？原来，这和当时的社会环境有着密切的联系。

在经历了汉末群雄争霸、三国鼎立的混战之后，作为战争中必不可少的力量，马的数量急剧减少，于是人们只好以牛代马，将牛车作为出行的工具了。

不仅如此，士族门阀的生活方式也推动了牛车的进一步发展。在结束了国家分裂的局面之后，晋武帝十分得意，不再把精力用于扩大疆域和治理国家，而是用于骄奢淫逸的享受上。

受到皇帝的影响，当时的社会风气变得十分腐败。贵族们争相追求舒适奢侈的生活，不仅在吃、穿、住等方面极其注重排场，就连出行也讲究舒服至上。相比于秦汉时期的马车，西晋的带篷牛车更加舒适，贵族们可以在封闭的牛车里面坐着，甚至是躺着，不需要一直保持着端正的坐姿给过往行人看。除了坐姿可以更加随意放松，牛车的颠簸程度也比马车要小很多。因此，带车篷又宽敞的牛车受到了西晋贵族们的欢迎。

历史上甚至还记载了两个人用牛车来炫富的故事。这两个人是西晋时期的贵族代表，分别叫作王恺、石崇。

他们是都城洛阳家喻户晓的有钱人，但是两人并不满足于此，都想把对方比下去，于是上演了各种斗富丑剧，其中就包括牛车的比拼。石崇家的牛无论从形体、力气上看都不如王恺家的，但是每当石崇与王恺一块儿出游，石崇的牛总是健步如飞，超过王恺的牛车先一步返回洛阳城。这让王恺愤恨不已，于是他用金钱贿赂石崇家驾牛车的人，寻找失败的原因。驾车的人回答说："牛本来跑得不慢，跑得慢只是驾车的人技术不好而已。紧急

的时候任凭车辕偏斜,这样牛车就能快起来了。"于是,王恺也让人以这种方式驾驶牛车,这样就和石崇家的牛车势均力敌、难分高低了。由此可见当时的牛车已经成为贵族们的身份象征。

当历史的书页慢慢翻过"西晋"这一篇章之后,牛车由于行进速度过于缓慢和外形不够美观而渐渐被历史的泥沙所掩埋。人们对马车的喜爱又慢慢复苏。从此以后,马车就一直作为主要的交通工具为古人的出行服务了。

芒种

时雨及芒种,四野皆插秧。
家家麦饭美,处处菱歌长。

廿四节气

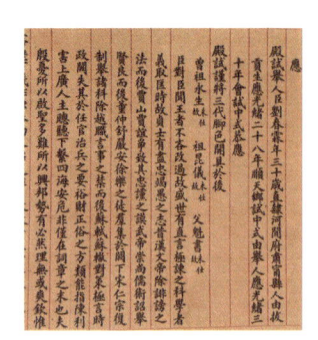

34
你的名字决定名次

作为小学生的你考试时是不是不再排名次了？但我小时候考试是一定会排名次的，而且是各种类型、各个层次的名次，比如班级名次、年级名次、全县名次、全省名次等等。你的成绩基本上决定了你的名次。那古代的考试名次跟什么有关系呢？我们就来说说古代科举考试的那些事。

公平公正是考试的首要前提，在古代也不例外。为了防止阅卷的官员根据字迹认出考生，宋朝人就在考场设置了一个专门机构：誊录所。这里的工作人员负责把考生的卷子用红色的笔誊抄一遍，再将试卷交给阅卷官员进行评判。

古代考场上还曾经出现过补考的事情。有一次顺天府的考场失火,把部分考卷烧毁了,还有一次殿试时,一个考生的卷子居然被风吹走了,这些意外最后都以补考解决,以示公平。

在古代,考试成绩可不是决定名次的唯一因素,考生的年龄、长相甚至名字都可能影响名次。关于名字决定名次的趣事,大多跟皇帝自身的好恶有关,这里给你分享明朝三位皇帝的故事。

第一个故事是关于中国历史上有名的"乞丐皇帝"朱元璋的。有一年,朱元璋担心阅卷官员徇私舞弊,就取消了当时状元的提名,声称自己在梦里点了个姓丁的状元,于是官员们就在名册里找到了一位叫丁显的考生,这位原本成绩不佳的幸运儿就因为姓氏而成了当年的状元。第二个故事是关于朱元璋的儿子朱棣的。明成祖朱棣在位时,有一年状元的名字叫"李马",朱棣觉得这个名字不太好,于是把这个人的名字改了,赐名为"李骐"。第三个故事是关于明世宗朱厚熜(cōng)的。嘉靖年间的一次科考中,

朱厚熜看到提名状元的考生叫作"吴情",觉得太不吉利,就说自己梦见西北上空有响雷,于是官员们根据梦境的意思将一个排在300名的考生——秦鸣雷定成了状元,认为这个名字寓意吉祥。

不知道你发现了没有,上面的故事里执掌状元"生杀大权"的都是皇帝。在科举制度创建之前,古代的选官制度大多是推举式的,比如西汉时期的察举制和魏晋南北朝时期的九品中正制,都是按照诸如才能、品德等标准由下而上选拔人才的。在这种制度下,虽然最后选举结果是由皇帝决定的,但选中的官员往往更感激举荐他的那个人,这就很容易形成以举荐人为首的小团体,这样的小团体是不利于皇帝掌控朝政的。科举制度则是由考试来进行人才选拔的,名次是由皇帝在殿试时直接宣布的,在这样的形式下选拔的人才被称为"天子门生",他们唯一需要感激的只有皇帝。

除此之外,科举制还改变了九品中正制造成的"上品无寒门,下品无势族"的局面,给了寒门子弟金榜题名、平步青云的机会。而且,在明朝八股取士之前,科举考试的内容相当丰富,除了儒家经典之外,还包括时务策、诗赋等,选出的人才多是具有真才实学的有能力的人。

所以,科举制度下虽然难免有些荒唐事,但大体上讲,它的可取之处还是很多的,而且还有许多创新呢,比如糊名法等。有兴趣的话,你可以去翻一翻古代人的笔记,找找那些科举考试中发生的好玩儿的故事。

35
手捧经卷的小童子

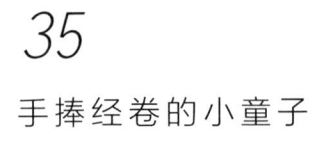

我在写作的过程中总会感慨，原来每件文物背后都有这么多可以讲述的故事。在我的分享清单里有一件珍藏在首都博物馆的瓷器，它十分有童趣，兼具艺术性与实用性。它就是定窑白釉童子诵经壶。

这件文物出土于北京市顺义区。在20世纪60年代的城市化建设中，顺义城南门外的一座残存佛塔被拆掉。这座佛塔因为地震只剩下塔基，以至于人们无法得知其朝代与名字，只能以"半截塔"来称呼。令人意想不到的是，塔基拆除之后，人们竟然在下面发现了一个长方形的地宫，随之出土了很多珍贵的文物，而这件童子诵经壶就是其中之一。

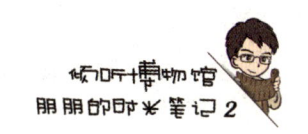

这件瓷壶被塑造成一个端坐着诵读佛经的童子形象。他神态平静，隐约透露出腼腆、青涩，眼角微微上扬，仿佛正沉浸在经书中的世界。童子的衣服自然下垂，线条十分流畅，整体造型显得既生动写实又极具艺术性。

既然是壶，那它的入水口和出水口又在哪里呢？原来，入水口被设计在童子的头顶，出水口则隐藏在书卷的顶部。很多人认为，这把童子诵经壶妙就妙在把实用性和艺术性完美结合在了一起。

那这把瓷壶的用途又是什么呢？其实它是佛教中使用的一种法器，叫作净水瓶或净水壶，是僧侣们外出随身携带的存水工具，里面的水主要用来饮用或洗手。之所以选择童子的形象来制作净水壶，是为了表达壶里的水像童子纯真的心灵一般纯净无瑕。

这件瓷器产于定窑。定窑位于河北省曲阳县，唐宋时期隶属定州，因而得名。定窑历史悠久，从唐代起便开始烧造瓷器，共持续了七百多年，是宋代的五大名窑之一。定窑出产的瓷器多种多样，尤其盛产白瓷。白瓷

的釉中含有微量铁元素，经烧造后产生三氧化二铁，从而使瓷器呈现出微微的黄色，很多人将其比喻成"象牙白"，这成为定窑白瓷的显著特点。

除了这把童子诵经壶，人们在佛塔地宫中还发现了三十多件其他的珍贵文物，根据建塔时的碑铭记载，这座佛塔从筹建到完工竟长达六年之久，有人推测是因为中途耽搁或是工程浩大。这把童子诵经壶不仅向我们展示了那个时代高超的制瓷技术，也让我们了解到那个时代佛教的兴盛。有兴趣的话，快带着爸爸妈妈去首都博物馆找找这件文物吧！

36
用来考试的针灸铜人

你见过针灸铜人吗？今天，我们就要见识一件针灸铜人，这件铜人可不一般，它是中国国家博物馆"古代中国基本陈列"中的一件珍贵文物。

这件针灸铜人的造型是个身高2.13米的年轻小伙子，他有着健康的体魄和俊朗的五官，两条胳膊自然垂下，身上一共有559个穴位、666个针灸点。铜人是中空的，这与它的功能有很大关系。它呀，是古代医官院教学与考试的工具，用来考查学生对穴位的掌握情况。

考试的时候，先要给铜人的身体表面涂抹一层黄蜡遮盖穴位点，穿上衣服，再在铜人的身体里灌满水。学生们根据考官的命题，用针来扎刺穴位。如果操作正确，蜡被刺破，水就会流出来；如果操作失误，蜡没有破，水就不会流出来。考官们根据考生的实际操作来确定每位考生的成绩，相当严格。

中国古代很早就开始用针灸治病，到了宋代，人们发现不同朝代流传下来的穴位居然有所差异，统一认识就成了当务之急。北宋天圣年间，太医王惟一根据宋仁宗的要求，设计制作了两件针灸铜人，分别放置在医官院与相国寺，但相国寺的铜人后来毁于战火。王惟一还曾专门写过研究针灸的书，当时的人们将书的内容刻在石碑上，放置在开封相国寺，以供学医之人学习。后来石碑被运到北京，但由于字迹逐渐模糊而被抛弃，直到拆修明城墙时人们才发现它的残片。

不过，中国国家博物馆展厅里的这件针灸铜人并不是宋代的，而是明朝正统年间翻铸的。北宋王惟一制作的铜人虽在医官院中保存下来一件，但因为在元明时期一直被使用，虽经过多次修复，但还是有所损毁，已经不能继续使用，因此明朝又严格按照这件铜人进行了翻铸。据说翻

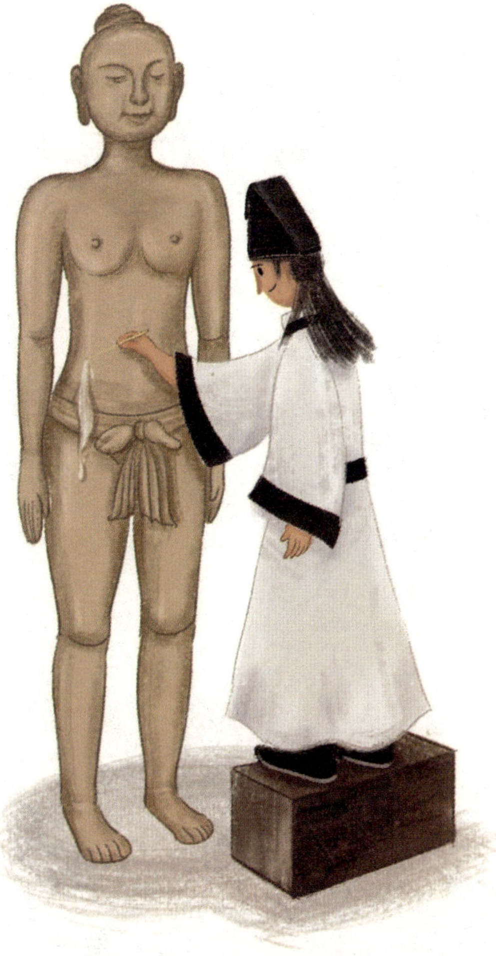

铸铜人的胸腹内，最初还有用木头雕刻的内脏呢，可惜今天已经找不到了。

今天，我们能从这件针灸铜人中深刻感受到中国古代医学家的智慧。穴位是很神奇的存在，也是中医博大精深的体现。有兴趣的话，欢迎你去了解一下关于穴位的小知识！

37 曹冲称象的大象从哪里来

你听说过曹冲称象的故事吗？三国时期，孙权送给了曹操一头大象，曹操很高兴，同时也很好奇大象这样的庞然大物到底有多重。大家出了很多主意，却都不能让他满意，这时候，曹操最喜欢的儿子曹冲站了出来，出了一个非常巧妙的点子：第一步，找一条船和一些大石头，然后将大象赶到船上，在船身与水面齐平的地方画一条线；第二步，把大象牵回岸上，再把石头一块块搬到船上，直到刚才画的那条线与水面持平；第三步，把船上的石头卸下来一一称重，这些石头的重量加起来就是大象的重量了。

曹操听完非常高兴，按照这个方法果然称出了大象的重量。

在这个故事当中，人们之所以想去称大象的重量，是因为他们以前都没有见过这种庞然大物，非常惊讶和好奇。可见在一千八百多年前的中原地区，大象是很稀奇的动物，平时看不到。现在的我们虽然可以在各地的动物园里看到大象，但在我国，野生的大象却只生活在云南省最南边的西双版纳地区。曹操生活在中原地区，也就是现在的河南省一带，孙权则生活在长江中下游，也就是我国的东南地区。那么孙权的大象也是来自西双版纳吗？

其实，在很久之前，我国的许多地区都曾经是大象的家乡。

在有着一百多万年历史的陕西蓝田猿人遗址和有着七十万年历史的北京猿人遗址中，都有象类的化石与人类的化石一起出土，这说明在当时的西北和华北地区都有大象的存在，并且，它们很可能是当时人们的猎物甚至是人们驯养的动物。

当我们从史前时代进入文明时代之后，大象的存在感依然很强。商代晚期的殷墟遗址中，就出土了不少象牙制

品和象纹青铜器，还有刻着大象象形字的甲骨文。商王武丁的王后妇好墓里出土的非常精美的嵌绿松石象牙杯，是我国首批禁止出国（境）展览的64件（组）文物之一，堪称国宝。在中国国家博物馆里，还有一件商代的象纹铜铙（náo），这是一件打击乐器，上面有一对很可爱的小象纹饰。可见当时的人们对大象一定不陌生，不然也不会有这么多与大象有关的文物。

但是，随着气候的变化以及人们对自然界的开发和对大象的捕杀，大象的生存区域越来越小了。西周时期，大象就慢慢离开了中原，向南移到了长江中下游、淮河一带。但春秋战国时期，南方有吴国、越国和楚国，依然战争不断，楚国甚至还用大象来打仗。当时吴国攻打楚国，楚昭王逃跑的时候为了拖延时间，命人在象群的尾巴上系了引火的东西，然后将它们赶向敌军阵营，临时抵挡了一阵子。在这种环境下，江淮地区也不再是大象合适的生活区域了，它们只能继续南移。

那么，孙权送的这头大象到底来自哪里呢？东汉末年，

大部分大象都已经退到了如今的广东、广西、云南一带，江淮一带只剩下非常稀少的野生大象和驯养大象。这头大象能够被当成礼物，还能乖乖地让人们称重量，也许就是当时极少数的驯象之一。

从古至今，大象的生存环境越来越不好，只能不断地搬家。在所有的搬家原因里，人类的捕杀对大象影响最大。直到现在，还有各种偷猎者为了象牙捕杀大象，所以我们一定要好好地保护它们。

夏至

杨柳青青江水平,闻郎江上唱歌声。
东边日出西边雨,道是无晴却有晴。

38
又是一年蝉鸣时

我小的时候，暑假基本上都是在农村度过的。夏天的农村，到处都能听见蝉的叫声。白天，我总是会跑到树林里，寻找留在树干上的蝉蜕。到了晚上，我就和小伙伴一起，举着手电，沿着公路两旁找一种美味——刚刚破土而出的蝉蛹。可以说，蝉蛹随着童年的我度过了一个又一个快乐的暑假。很多人喜欢把蝉叫作知了，那么我们就来聊聊知了吧。

古代的先民很早就通过对知了不同形态的观察，赋予了这种充满变化的昆虫神奇和吉祥的寓意。人们会用温润的玉石雕刻出知了的形象，还会在《诗经》里写下对知了赞美的语句。那知了到底有哪些特别的习性让古人心生欢

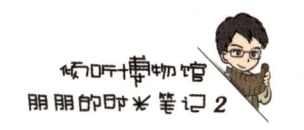

喜呢？原来，古人认为知了靠餐风饮露生存，饱含着人们所追求和向往的美好的精神品质，是高洁的象征。

新石器时代晚期，玉器上首先出现了知了的形象，当时的人们还在这些玉器上钻了小孔。经研究，它们很有可能是可供佩戴的装饰品。后来，随着时代的发展，玉蝉的外形和姿态逐渐丰富起来，也被用在了更多的场合。比如说在汉代，人们会用知了的形象装饰头上的冠，代表着清高雅致，还有商人会在腰间佩戴着知了形状的玉佩，代表着"腰缠（蝉）万贯"。到了宋代，参加科举考试的年轻人会把玉蝉挂在胸前，寓意"一鸣惊人"。

古代的先民不仅在活着时喜欢知了，死去后同样喜欢知了的陪伴。在三千多年前的商代，人们会在逝者嘴巴里放一只玉蝉，这种礼仪叫作"饭含之礼"。"饭含之礼"到了汉代更加盛行，那时的古人认为玉石吸收天地之精华，能够保护死者的身体不腐烂。那古人为什么会选择知了的形象呢？第一，知了只吃露水，象征着纯洁；第二，知了在成长过程中会褪去一层壳，然后长出翅膀飞走，古人很

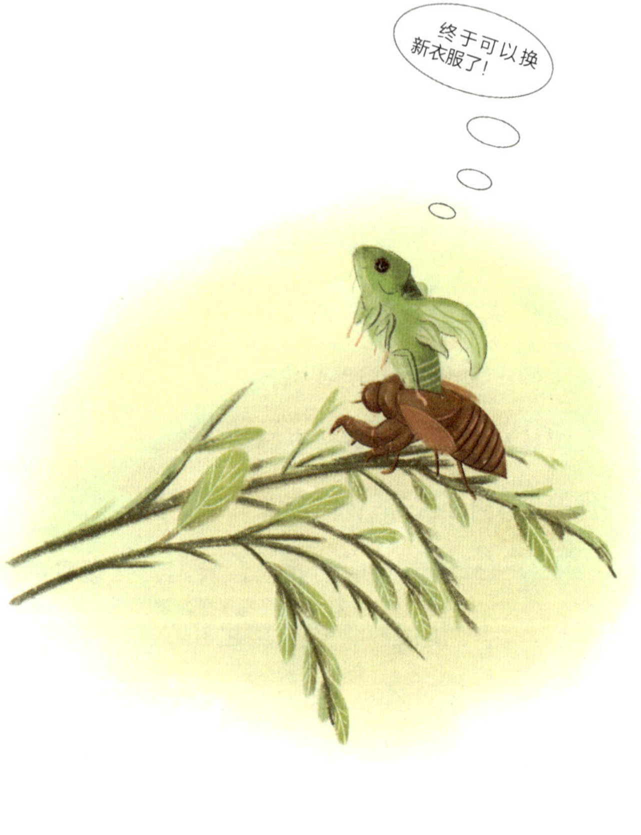
终于可以换
新衣服了!

希望像知了那样羽化升仙。我国著名考古学家夏鼐（nài）先生说："它们所以取形于蝉，可能是因为蝉这种昆虫的生活史的循环，象征变形和复活。"

正因为古人对知了这样喜爱，所以他们在诗歌中也留下了许多对知了的赞美。还有一点，知了在中药里也是有一席之地的。蝉蜕在《本草纲目》等中医药典籍中均有明确记载，是味很重要的中药，李时珍曾用它与其他药物配合起来治疗小儿夜啼、皮肤风痒、疗疮毒肿等症。

今天，城市里的树木减少了，能听到蝉鸣的机会也少了。有机会的话，你不妨在夏天和爸爸妈妈一起去郊外感受大自然的美丽，同时也去找找知了的身影吧。

39
四合院里种什么树

现代人盖房子很讲究设计感，五花八门的房子盖了不少，北京的"中国尊"、上海的"马靴楼"、广州的"小蛮腰"等等层出不穷。其实，古代的房子也是很有特色的，比如北京的四合院、陕西的窑洞、广西的干栏式房屋等等。除了建筑特色，这些房子还有一些特别的规矩呢。那么，我们就来聊聊北京四合院里种树的规矩。

四合院是北方民居的典型样式，简单形容，就是你站在院子里朝东南西北四面看，都是房子，如果你通过航拍机从空中往下看，可以看到院子呈现一个"口"字。我们要讲的树，就在这个"口"里边。

我们熟悉的老舍先生就有一座小小的两进四合院，叫

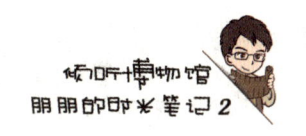

"丹柿小院"。顾名思义,老舍先生的院子里有柿子树,还是两棵。它们是从西山林场里移植过来的,种在正房前左右两边,是一种叫作"火晶柿子"的品种。这种柿子个头儿不大,皮薄肉甜,据说它的果实红彤彤的像火焰,而果面又像水晶一样光滑。秋天结果子的时候,油光碧绿的叶子映衬着红艳艳的果实,非常好看。要是采摘得晚,树叶都掉光了,只剩下火红的柿子挂在树梢上,看起来就像一树的小灯笼,非常壮观。这也是老舍的夫人胡絜青给院子起名叫"丹柿小院"的原因。

老舍先生为什么会专门在院子里种两棵柿子树呢?第一是因为柿子树的树干高,枝叶高出房顶,不会占用人在院子里的活动空间。第二则是因为柿子有着"事事(柿柿)如意"的吉祥寓意,代表着人们的美好祝愿。古代的玉器、瓷器和家具上经常会有柿子的纹饰,它们时而与如意组合成"事事如意",时而与海棠组合成"五世(柿)同堂(棠)"。吉祥寓意让柿子树在四合院里备受欢迎。

其实,四合院里的树一般都会讲求"春华秋实",就

是那种春天可以开好看的花而秋天又可以结好吃的果子的树。除了柿子树之外，石榴和海棠也很受宠。石榴的花又红又艳，结出的果实里有很多籽，有吉祥喜庆和多子多孙的寓意。海棠寓意着富贵和兄弟和睦，它经常会跟院子里的金鱼一起并称为"金玉（金鱼）满堂（棠）"。周恩来总理生前住的中南海西花厅和宋庆龄故居里的西府海棠非常有名，北京的纪晓岚故居、郭沫若故居里也还有

当年的海棠。此外，寓意多子多福、人丁兴旺的枣树也很受欢迎。

参照寓意决定喜恶的原则，四合院里通常不会出现桑树、松树、柏树、梨树，因为人们认为松树和柏树大多种在陵墓或寺庙中，桑与"丧"谐音，会发生不好的事，梨则与"离"谐音，意味着分离。

听完关于四合院里种树的规矩，你可以亲自去北京的名人故居里转一转，看看这些寓意美好的树。

40
聊聊葫芦那些事儿

对你来说,葫芦应该不是很新奇的东西吧?因为现在有好多人手里都喜欢握个葫芦,走到哪里都攥着。我们还经常听到一些和葫芦有关的语言,比如"不知道他葫芦里卖的什么药""悬壶济世"等。葫芦和药为什么会牵扯在一起呢?这是因为古时候的药店或者走街串巷的郎中,都喜欢挂一个葫芦作为招幌,表示可以给人看病。那么,我们就从"悬壶济世"这个成语来讲讲葫芦与药的故事。

《后汉书》里记载了这样一个故事:有一个管理市场的小官叫费长房,他偶然发现街上有位卖药的老人,所售的丸散膏丹都装在一个葫芦里。每当晚上市场经营结束,路上行人渐渐散去,老人就会悄悄钻进自己的药葫芦里。

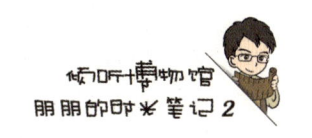

有一次，这一幕正巧被费长房看到，他顿时惊得目瞪口呆。于是他断定这位老人绝非等闲之辈，随后便买了酒肉前去拜访这位老人。老人带着他一起钻进了葫芦里，里面居然别有洞天，好像蓬莱仙境一般。再后来，老人送给了他一道神符，使他不仅能够医治百病，还可以祛除瘟疫、降妖捉怪。

　　类似这样的记载，也曾经出现在晋代葛洪的《神仙传》里。渐渐地，"悬壶济世"就成了人们对行医卖药的代称。看到这里你一定会问了，那不对呀，故事里说的是葫芦，为什么不是"悬葫"而是"悬壶"呢？这个问题问得好。你要知道，虽然在河姆渡遗址我们就曾发现过葫芦籽，那表明我们的葫芦种植已经有好几千年的历史了，但是葫芦却有过很多种名称。对葫芦的记载最早出现在甲骨文中，而"壶"就是早期人们对葫芦的一种称呼。这种称呼在《诗经》中也常出现，比如"七月食瓜，八月断壶"。可见那时葫芦已经是古代先民常吃的食物了。大概到了三国时期开始有了"壶卢"这个称呼。到了唐代，我们现在最熟悉

的"葫芦"才流行了起来,因此"悬壶济世"中的"壶",指的就是我们经常见到的葫芦。

葫芦是一种很好的容器。它密封性好,不易受潮,非常适合存放药材。葫芦还可以装酒,我们经常在电视里看到有些江湖侠士腰上别着一个葫芦,那葫芦里面放的很可能就是酒。其实,葫芦本身也是药材,明代著名的医药学家李时珍在《本草纲目》里介绍了多种不同的葫芦,比如"苦壶卢",就具有利水消肿的作用。正是因为葫芦的这些特点,人们才把葫芦与药联系在一起。比如,神话传说里八仙之一的铁拐李的法器就是装有灵丹妙药的葫芦,《西游记》里太上老君存放金丹的容器也有很多是精致的葫芦。

除了与药有关,葫芦还被古人赋予很多美好的寓意。葫芦多籽,所以代表子孙满堂;葫芦与福禄、护禄谐音,所以被认为能够带来好运;葫芦的样子像汉字"吉",所以意寓吉祥。最有意思的是,葫芦还和婚姻有关系。据说,古代人在新婚之夜会饮酒合婚,叫作"合卺(jǐn)"。这和今天的交杯酒有些相似,但不同的是,他们喝酒的容器是一只剖开的葫芦，两爿（pán）葫芦中间用红线相连，夫妻各拿一爿，表示合为一体、永不分离。

讲了这么多关于葫芦的故事，你有没有受到些启发呢？你的脑海里有没有浮现出其他像葫芦这样有许多种含义的事物呢？如果有的话，那就赶快把你知道的故事写下来吧！

41
四千年前的面条

在中国，很多人爱吃面，几乎各地都有深具地方特色的面条，比如北京有炸酱面，山西有刀削面，兰州有牛肉面，武汉有热干面，河南有烩面，我的家乡陕西有油泼面、臊子面、浆水面。那你知道中国的面条有多久的历史吗？

起初，有许多人认为，面条是从秦汉时期出现的，到今天不过两千多年的时间。古代人把面食统称为"饼"，用水煮的面条可以被叫作"汤饼""索饼"。但是后来人们惊奇地发现，原来面条的历史比这要长得多。在中国，已知最古老的一碗面条，已经四千岁了。

2002年，考古工作者在青海省民和县喇家遗址的考古发掘过程中，从排序为20号的房间里清理出不少保存

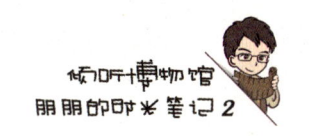

完整的陶器，其中有一个倒扣在地面上的红陶碗吸引了他们的注意。一开始，大家觉得这个红陶碗是件做工精美的文物，需要把它带走。当陶碗被慢慢揭开之后，人们惊奇地发现，原来碗的底部还保存着清晰可辨的面条，虽然不多，但是面条粗细均匀，卷曲盘绕，依稀还能够看出面条是米黄色的。就是这样一个意外的发现，把我们中国人吃面条的历史推到了四千年前。当时，可能发生了一场突如其来的灾难把这座村庄完整地掩埋了起来，这才给我们留下了这碗珍贵的面条。

为了慎重起见，考古工作者把这个红陶碗按原样带了回去，并将它一直保持在发现之初的状态，打算整体带到北京实验室进行进一步分析研究。但到了北京，人们再次打开红陶碗的时候，令人遗憾的事情发生了，原来那一点点面条在和空气接触后发生了化学反应，已经变成了粉末。幸好发掘现场留下了珍贵的照片。专家提取了面条和土壤混合的样品进行分析，最终得出结论，这碗面条并不是用小麦做的，而是由当时北方常见的黍和粟——也就是小米

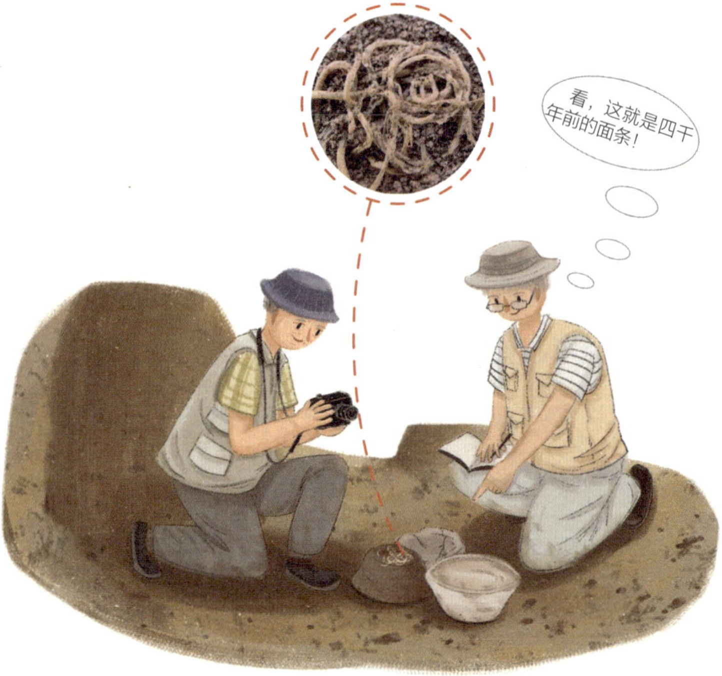
看，这就是四千
年前的面条！

和黄米做出来的。可是，有一个问题，那就是小米磨成的粉很难塑型，做成面条就更加困难了，那么古人是如何将小米和黄米混合磨成粉做成面条的呢？这个问题值得我们思考。

秦汉之后，面条在百姓的生活中渐渐多了起来，唐代诗人杜甫还专门给一种冷面写过诗，这首诗以面名为题，叫作《槐叶冷淘》。那槐叶冷淘怎么做呢？大致的做法是用槐树叶子挤出来的绿色汁液和面，做成面条，下锅煮熟，捞起之后过冷水或放在冰窖里面冰镇，吃的时候加上配料凉拌即可。夏天来上一碗，口感相当清爽。

到了宋元时期，面条的种类更加丰富了。根据记载，在南宋都城临安的餐馆里面，人们会找到鸡丝凉面、三鲜面、笋泼肉面等等味道独特的面条。再到后来，人们发明了一种经过干制可以保存很久的面条，叫作挂面。

除了中国有面条，国外也有知名的意大利面。很多人说意大利面是马可·波罗从中国带回去的，其实两千多年前的古罗马已经有了面条。传说在恺撒执政时期，罗马城里的人们会用晒干的面粉来解决城市里食品供应的问题。还有人认为,真正创造面条的是阿拉伯人,大约在公元5世纪到8世纪的时候,水煮面条由阿拉伯地区传入意大利。现在,面条作为一种食材受到了全世界人民的喜爱,在意大利甚至还有一座面条博物馆呢。

如果你今天没吃面,不如明天来碗"炸酱索饼"吧!

42

两千年前的船舵

对于人类来说,船是一种很重要的交通工具。人们可以驾着船,去往那些靠游泳到达不了的地方。古代没有发动机,船在航行时通常需要借助风和水流的力量来获得动力,当然也要使用船桨来划船,或者用长篙来撑船。那怎么控制船行进的方向呢?这就需要借助位于船尾的一个小构件了,它的名字叫船舵。可不要小瞧那块小木板,它的发明可是我们古代先民对人类造船文明所做出的巨大贡献呢!

早在新石器时代,远古的先民就发现并利用木材浮力较大的特点,制作出了简单的船只,用来捕鱼或者出行。但那时因为造船技术并不发达,船只的形体都不怎么大,所以依靠桨或是长篙就可以控制行进的方向了。然而,到了两千

多年前的秦汉时期,船只变得越来越大,尤其是在风大浪急的海上行船时,原来的方法就很难奏效了,于是,桨逐渐演变为舵。

舵其实就是安在船上的一只大桨,人们通常把它固定在船尾,然后利用杠杆原理,通过转动连接这个大桨的柄部来带动水下的桨片,进而调节和控制船只行进的方向和路线。我们中国古代的先民是世界上最早发明舵的人,早在两千多年前的汉代,就已经出现舵的实物了。对了,汉代人对舵的描述是非常形象的,比如东汉刘熙所写的《释名》中对舵是这么说明的:"其尾曰柂。柂,拖也。"意思是说,船尾的那个构件叫作柂,就像是船后面拖着的小尾巴。你觉得像吗?

既然舵是从桨演变而来的,那它们之间有什么差别呢?首先,最直观的就是位置不一样,舵一般位于船尾的正中间,桨则多使用于船的两边。如果你看过赛龙舟,肯定会对它的两排桨有很深的印象。其次,它们两个的样子也有很大的差别,舵的杆要比桨的杆长一些,舵叶的面积也要大一些。最后，两者的操作方法不一样，桨是握在手里的，而舵通常固定在船尾的位置，船工只需要轻轻转动它就可以了。

舵出现后，古代先民不断地对它进行调整、优化。例如，在汉代，由于航线上水深不同，人们就发明了可以升起和降下的升降舵，以适应不同水域的需要，在港口停泊的时候，还可以把舵吊起来，安置在船上专门的舵楼里收好。到了唐宋时期，船舵的制造水平更加先进，出现了开孔舵、平衡舵等新的品种。

说了这么多，你想不想亲眼看到这些古代的船舵呢？在中国国家博物馆"古代中国基本陈列"中就有一艘陶船模型，那是一件东汉时期用来随葬的器物，看来这位墓葬的主人生前很可能是个从事水上贸易的人。在这艘陶船的尾部就有舵的形象，这为我们认识两千多年前汉代的造船技术提供了非常重要的资料。对了，据专家们研究，如果我们以陶船上六个人的身高比例推算，这艘船大约有15米长，这在当时来看，已经是一艘大船了。

其实，除了中国国家博物馆，很多港口城市的博物馆中都收藏有古代船只的相关文物，比如山东蓬莱有座蓬莱古船博物馆，上海有座中国航海博物馆，福建泉州有座泉州海外交通史博物馆，等等。在这些展馆中，你能尽情欣赏到古人对造船工艺的不断探索，在航海工具上的不断创新，还有在航海贸易上的不断拓展——这些努力和奋斗，共同描绘出了中国航海事业发展的历史轨迹。

小暑

倏忽温风至,因循小暑来。
竹喧先觉雨,山晴已闻雷。

廿四节气

43
丝路飘来胡腾舞

在中国国家博物馆"古代中国基本陈列"三国两晋南北朝部分的展厅里,有件容易被忽视的文物,它的名字叫黄釉乐舞图瓷扁壶。这件文物和两千多年前开辟的丝绸之路有很大的联系,它让今天的人们得以领略沿着丝路飘来的美丽舞姿。

这件扁壶上面窄,下面宽,小小的壶口下面还有一圈联珠纹,两边肩膀的位置有两个穿孔,可以穿上绳子,然后把扁壶挂起来或者系在腰间,方便使用和携带。

扁壶最精彩的部分是壶身两边的图案,描绘的是古代乐舞的场景:中间的一个人正在莲座上翩翩起舞,回顾的脑袋,还有甩起的手臂,很轻易地就能让我们感受到欢快的节奏；在舞者的周围站着一圈配乐的乐师，他们手里拿着铙钹（bó）、琵琶、横笛等各色乐器。但是很奇怪的是，其中一个人手里什么都没有，他是怎么"混进"乐队里面的呢？再仔细看，我们就会发现他的两只手好像正在用力张开，会不会是在给其他人打拍子呢？

我们再来仔细看看他们的容貌和着装。他们的鼻梁好像都很高，穿着窄袖子的长袍，和中原人的样子有些区别，更像当时来自西域的胡人。我曾经在尼罗河的游轮上参加晚宴，现场有一位当地的舞者，身上穿了好几层裙子，不停地转圈，双手还做着各种各样的动作，转一转就脱掉一层裙子，再转一转又脱掉一层裙子，整个舞蹈一直在旋转。你觉得这种舞蹈会不会和扁壶上画的舞蹈有关系呢？他们跳的到底是什么舞呢？

很多人认为，乐舞图中间的人正在跳的舞蹈是曾经风靡一时的胡腾舞，也叫胡旋舞。这个舞蹈最主要的特点就是旋转和跳跃，舞者通常是在面积不大的花毯上迅速旋转，脚步有节奏地腾跃扭动，双手有节奏地摇摆。这种舞一般

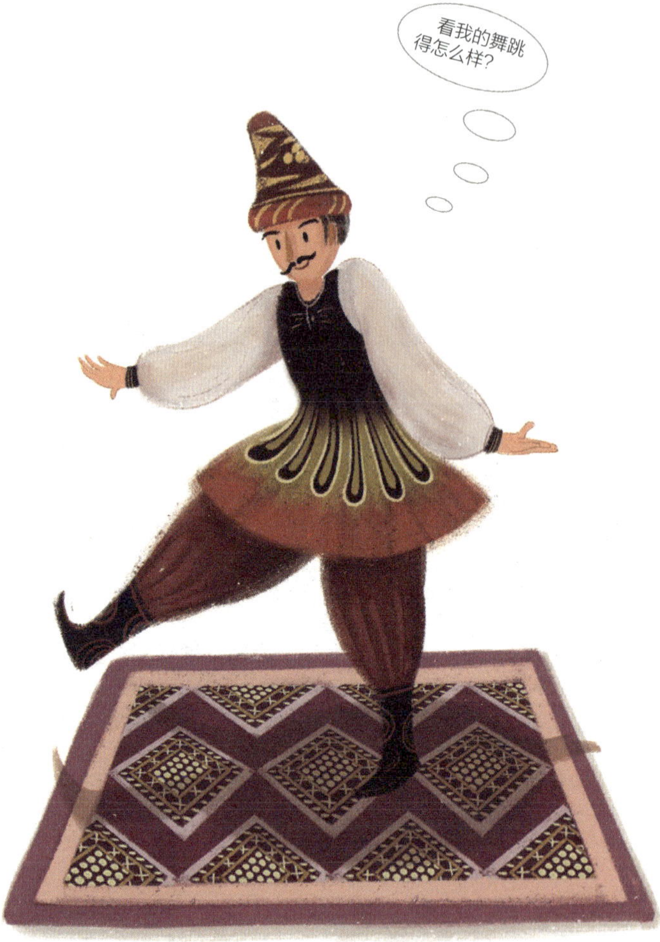
看我的舞跳得怎么样?

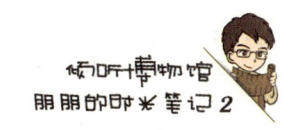

都是由男孩子来跳的，主要为了表现男性舞者的轻盈、敏捷、阳刚和奔放。

是哪里的人发明了这种舞蹈呢？很多人认为胡腾舞起源于中亚的石国，魏晋时期沿着丝绸之路传到了中原，到隋唐时期达到一个顶峰，曾经被唐玄宗当作宫廷乐舞的组成部分。你听说过一个叫作安禄山的胡人吧，《旧唐书》中记载他在晚年体重三百三十斤的情况下跳胡腾舞，还能"疾如风"呢！

今天，我们能够在唐代的诗歌中找到很多对胡腾舞的描述。唐代有一位叫作李端的诗人写过一首《胡腾儿》，其中有两句诗是"胡腾身是凉州儿，肌肤如玉鼻如锥"。凉州就是今天甘肃省的武威一带。我们通过这两句诗了解到，当时跳胡腾舞的大部分是胡人。唐代以后，胡腾舞并没有消失，反而具有了更高的观赏性。在今天的阿拉伯舞蹈中，还依稀能看到当年胡腾舞的影子呢！

这件扁壶1971年出土于河南安阳的范粹墓。范粹是北齐时代的贵族，当过很大的官，但是在二十七岁的时候

就死去了。在他的墓葬里，人们发现了七十多件珍贵的文物，为我们了解那个时代贵族们的生活状况提供了重要的资料。

范粹生活的北齐，虽然存在时间不长，但是他们的皇帝对当时西域的音乐很是痴迷，甚至有皇帝给技术出众的乐工们封了王。这件充满西域风情的作品出现在这里也就不足为奇了。我想，大概就是这种有容乃大的包容精神才让中华文明历久弥新、经久不衰吧。

44

杨贵妃最喜欢的水果

杨玉环是唐玄宗李隆基的贵妃,也是我国古代的四大美女之一。历史上留下了很多关于她的故事,你一定听说过很多了。那么,你知道她最喜欢的水果是什么吗?

答案当然是荔枝。唐代诗人杜牧有一首《过华清宫》是这样写的:"长安回望绣成堆,山顶千门次第开。一骑红尘妃子笑,无人知是荔枝来。"这里面的"妃子"就是杨贵妃,意思是说因为杨贵妃最喜欢吃荔枝,唐玄宗为博美人一笑就派人快马加鞭把南方的荔枝送到都城长安来。(不过杨贵妃肯定不是在华清宫等荔枝的,荔枝是夏天的水果,而华清宫是避寒的行宫,唐玄宗和杨贵妃通常只在每年的十月份到第二年暮春时候才会来。)

这些荔枝来自南方的哪里呢？有人说应该是来自岭南，也就是现在的广东、广西、海南一带，有记载说如果快马冲刺、频繁换马的话，最快十一天能到长安。也有人说岭南太远，当时巴蜀一带，也就是今天的四川盆地地区也产荔枝，这些荔枝很有可能来自四川。但无论如何，路途遥远是肯定的，花费很多时间也是肯定的。古代的荔枝难道不会坏吗？当然会坏，所以古人耗费了不少智慧在荔枝的保鲜上呢。

南朝时期有记载说，摘荔枝的时候应该连枝摘，而不是只摘果子，这样的话既利于来年新枝发芽，也能延长荔枝的保鲜期。除此之外，还有冷藏的办法，利用冰块储藏食物的方法在先秦时期就已经开始使用了。宋代开始，人们又学会了用整株搬运的办法，将栽种在容器里的还没成熟的荔枝树整个放在船上通过水路运送，让荔枝树在路上边走边成熟，到了终点之后采摘，就能保持很好的新鲜度。这种方法虽然需要很大的代价，但人们能吃到更加鲜美可口的荔枝。不过这些长途跋涉的荔枝身价可不低呢，因此

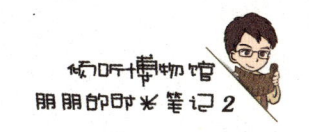

古代能吃得上荔枝的北方人一点儿都不多。

所以，身在南方的荔枝爱好者就幸福多了。要知道，中国是荔枝的原产地，在岭南的一些地方至今都还有很多野生荔枝。宋代大文学家苏东坡曾经被朝廷贬谪到广东做官，当时的广东还属于非常偏远的地方。在广东做官期间，他专门以"荔枝"为主题写了首诗，里面说到"日啖荔枝三百颗，不辞长作岭南人"。这个数量虽然有点儿夸张，不过他觉得能天天吃到很多荔枝，就是在岭南安家落户也没问题，可见苏东坡对荔枝的喜爱程度。据说，在更早的时候，汉武帝还曾经尝试着把荔枝树栽种到长安去，为此还专门建造了一座扶荔宫呢，可惜最终还是失败了。

瞧着古代人为了荔枝煞费苦心，你是不是觉得生活在现在的我们可比古代的皇帝妃子大文豪们幸福得多了呢？

45
王昭君抱的是琵琶吗

王昭君是中国古代四大美女之一。相传她原本是汉宫里的一名普通宫女，后来听说匈奴向汉朝请求和亲，于是就自告奋勇，远嫁匈奴。这场和亲不仅维护了汉匈两族半个世纪的和平与安宁，也给我们留下了昭君出塞的动人故事。说起王昭君，很多人都会想到这样一个场景：大漠戈壁，夕阳西下，王昭君身披斗篷，怀里抱着琵琶，正侧身回首望着都城长安。不论是在诗歌、绘画还是在戏剧中，王昭君总是和琵琶形影不离。但是，历史上的王昭君抱着的究竟是不是琵琶呢？

这得先从我们今天的琵琶讲起。现在我们经常见到的琵琶，从侧面看上去有着像半个梨一样的圆鼓鼓的音箱，长长的脖子，而且脖子的上部还是弯曲的，这种琵琶在古代就有了，当时的人们把它叫作曲项琵琶。大约在南北朝时期，也就是距今一千五百年左右，曲项琵琶才随着丝绸之路上文化交流的不断增多渐渐传到了中原。很多人认为，它和丝绸之路沿线一个叫作龟兹的国家有关系，所以它也被叫作龟兹琵琶。到了唐代，人们对琵琶更加喜爱，对它进行了很多改良，在史料中留下了很多关于琵琶演奏的记载。对了，这时的琵琶可不是竖着弹的，而是像吉他一样横抱着来演奏的。有兴趣的话，你不妨试一试白居易《琵琶行》中"犹抱琵琶半遮面"是怎样的姿势吧。

既然曲项琵琶是在一千五百年前的南北朝时期才来到中原的，那两千多年前的王昭君怀里抱着的又是什么呢？其实，那应该也是一种琵琶，只是那种琵琶和我们今天常见的琵琶不太一样。它虽然也有共鸣箱，但不是梨形的，而是很规则的圆形；虽然也有长长的脖子，但不是弯曲的，而是笔直的。它叫作直项琵琶，有点儿像今天一种叫"阮"的乐器。因为直项琵琶起源于汉地，所以被人们称作汉琵琶。如果你以后再见到怀里抱着曲项琵琶的王昭君形象，那你可以马上斩钉截铁地告诉别人：王昭君抱错了！

那昭君出塞为什么带的是琵琶，而不是别的乐器呢？有人说琵琶比较方便，很适合在马上演奏。有人说琵琶的声音有一种悲愁的感觉，很适合王昭君的心情。还有人说，王昭君应该根本就没带什么琵琶，带琵琶的其实是另外一位和亲的汉代公主，她的名字叫作刘细君，她生活的时代要比王昭君早好几十年，远嫁的地方也不是匈奴，而是乌孙国，只是后来人们把这位公主演奏琵琶的故事安在了王昭君的身上。有些专家认为，细君公主弹的也不是真正意义上的琵琶，而是琵琶的雏形。不管怎么样，我倒觉得琵琶的旋律很适合王昭君和刘细君的故事，她们都是年纪轻轻就远离故土，心中总有难以言尽的悲愁哀怨，这种情思和琵琶的音乐表现倒是非常贴切的，你觉得呢？

46
文成公主入藏

在很多人的心里,文成公主入藏的故事就像一个很美好的童话——美丽的公主不远万里去往陌生的国度,嫁给一位善良勇猛的国王,从此幸福地生活在一起。然而,在很多考古学家和历史学家眼里,这个故事更是一场带来短暂和平与繁荣的政治交流。

文成公主嫁去的陌生国度叫作吐蕃,也就是今天我们常听到的西藏地区。在很多人眼里,西藏虽然有蓝天、雪山这样的美景,可是也有不适合人类居住的严峻环境,但根据考古发现,其实早在四千多年前,就有先民生活在那里了。唐朝以前,西藏地区并没有统一的政权,那里是由很多大小不一的部落和联盟分散治理的,其中有个叫作悉

补野的部落经过发展，在唐太宗时期建立了一个叫作吐蕃的政权。随后青藏高原各部落逐渐凝聚，形成了实力强大的吐蕃王朝。

吐蕃的统治者被称作赞普，文成公主的丈夫就是吐蕃赞普——松赞干布。松赞干布统一了当地的各个部落，通过许多措施让吐蕃的社会经济兴盛起来。他非常欣赏和羡慕唐朝的繁荣，所以派遣大臣到长安求亲。文成公主入藏时，除了带去佛像、珍宝等陪嫁品，还带去了很多书籍和谷物的种子。在那里生活的时候，文成公主把书中记载的知识和技术慢慢地引进吐蕃，教授给当地的百姓们，大大改善了人们的生活水平。文成公主也因为她的善良和智慧，受到了百姓们的爱戴。时至今日，说起文成公主，人们依然赞颂着她为吐蕃人民所做的贡献。

但是唐太宗真的舍得把女儿嫁到那么远的地方吗？根据史书的记载，唐太宗李世民共有二十一个女儿，但都嫁给了本朝的大臣，文成公主并不在这二十一个人当中。其实，她的真实身份是"宗室女"，意思是说她的父亲和皇帝一样都姓李，但只是皇帝的远房亲戚，官爵也应该不会太高。也许是因为和亲这件事情非常重要，也许是当时吐蕃强烈要求，唐太宗李世民既同意和亲，又实在不舍得自己的亲生女儿，于是破例将这位名不见经传的宗室女封为公主，把她远嫁到了吐蕃。

很多人都觉得婚后的文成公主应该生活得很幸福，但其实并不是那样的。她不仅要努力适应高原地区的生活，还要忍受着难以割舍的思乡之情。而且，她的丈夫还不能

总在身边陪伴她。这样看来,文成公主在吐蕃的生活并不是很幸福。可是,她却用善良和智慧给那里的百姓带去了很多幸福的改变。

这就是文成公主入藏的故事。当你和爸爸妈妈有机会到西藏参观旅行时,不妨找找布达拉宫里的文成公主雕像,向她说说你听完这个故事的感受吧。

大暑

大暑三秋近，林钟九夏移。
桂轮开子夜，萤火照空时。

廿四节气

47

小口尖底瓶怎么用

距今一万年左右的时候,人类变得越来越聪明、灵活,使用的工具也更加先进、多样。先民们学会了种植粮食,农业出现了;先民们学会了饲养动物,家畜饲养业出现了;先民们学会了将水土混合后用火烧制成陶器,手工业出现了。在这一次次"学会"中,人类文明的进程在不断加快。那为什么陶器的出现如此重要呢?因为在这之前,先民们使用的石头、木头、骨头等工具只是经过简单的敲打和削磨,它们的基本性质并未改变,而陶器的出现意味着人类开始创造性地生产新的东西,这种创造极大地便利了先民的生活。现在,我要为你介绍的就是一件造型非常特别的陶器——小口尖底瓶。

小口尖底瓶是仰韶文化的代表器物之一，距今大约七千年到五千年。它的瓶口比较小，有着尖尖的底，鼓鼓的肚子两侧还有对称的耳朵，就像是一个放大版的枣核。随着时间的推移，其上的花纹也由朴素转为华丽。值得注意的是，这件陶器从瓶口到底部，器壁越来越厚。很多人推测这是用"泥条盘筑法"制作的，就是将泥搓成条状，然后一圈圈盘到用泥做成的底上，耳朵则是另外加上的。

有些博物馆和图书里会介绍说小口尖底瓶是先民用来打水的汲水器，它用到了力学的原理。放进水里时，它的头会下沉，水装到一半时，重心下移，它就会自己立起来。不过有些专家在观察和测试后发现，并不是所有的小口尖底瓶都能自己立起来，尤其是在流动的水中。

既然这样，当时的人们为什么还要把它设计成小口呢？有人说打水时可以握住小口尖底瓶的瓶口，在两个耳朵中穿上绳子背在肩膀上，这样不仅省力，而且还能同时背好多个；也有人说小口外观像鱼嘴，这样的设计便于运输，水不会那么容易洒出来。

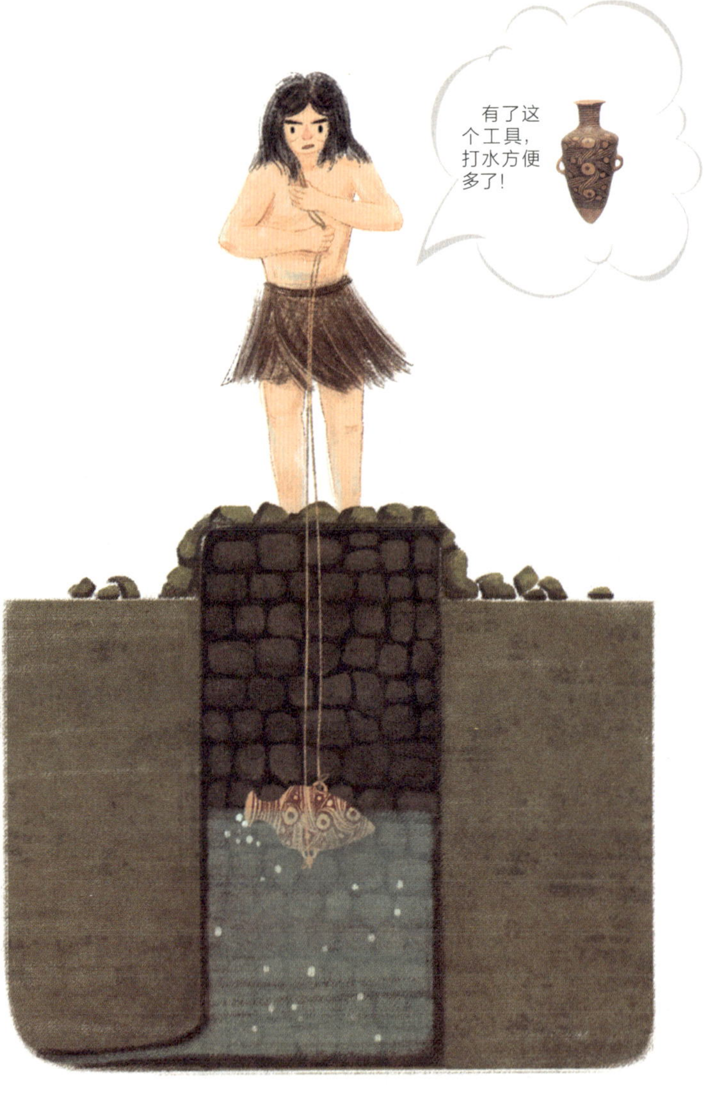
有了这个工具，打水方便多了！

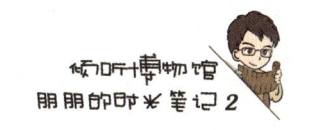

那么为什么要把它设计成尖底呢？有人说做成平底后背着不方便；也有人说尖底可以方便将它插进地里，不容易倒；还有人说如果做成平底，装水后底容易掉。这些猜测都有一定的道理，但都没有被证实。

看到这里，也许你会说，为什么我们没办法把这些说清楚呢？我们现代人不是应该比古人更聪明吗？其实呀，这就是历史有趣的地方。有些东西，明明是人类自己发明的，但是到后来，人类却没有办法自己把它解释清楚了！这听上去有些可笑，但仔细想想，却又在情理之中。不过，随着今后科技的发展，或许有一天我们的疑惑能够得到圆满的解答。

48
茶叶煮粥什么味道

从前人们有所谓的"开门七件事",也就是"柴米油盐酱醋茶"。从这"七件事"里我们不难看出,茶叶自古以来就是中国人生活中很重要的一部分。像我,尤其喜欢红茶,捧杯红茶在手里,闻着淡淡的茶香,暖着冷冷的双手,在冬天里尤其惬意。那古人又是怎么喝茶的呢?

我国古人很早就认识了茶叶。唐人陆羽因作《茶经》一书而被誉为"茶圣",他在这本关于茶的百科全书中曾提到茶作为一种饮料"发乎神农氏",将饮茶的历史上推到了神话传说中的神农氏时期。其实,我国最早关于茶事的记载出现在两千多年前西汉时期的《僮约》里,它讲到用茶招待客人的礼仪以及清洗茶具的细节。在这里有两个问题值得我们注意：第一，在西汉之前人们就应该已有饮茶的习惯；第二，据资料记载，最早的茶叶应该盛行在巴蜀之地。

古人食用茶的方法也经历了历史的变迁。最初，茶叶是被当作药材和食物来直接吃的，因此无需茶具。到了西汉时期，茶被用来烹煮，成套的茶具开始出现，那时的茶具主要是陶器或原始瓷器。三国两晋南北朝时期，烹煮茶的方法极似煮粥，可以说到了"粥茶"或"茶粥"的阶段，当时还出现了"以茶代酒"的风气。为了防止烫伤，茶盏下还配置了托盘。中国国家博物馆"古代中国"展厅的三国两晋南北朝部分中展示的茶具就体现了这一点。到了唐代，饮茶的方法开始复杂：第一步，将茶叶晒干，制作出茶饼；第二步，将茶饼放在火上烤制成赤色；第三步，用杵臼将其研磨成茶叶末；第四步，将茶叶末放置在壶中以热水烹煮；第五步，在烹煮过程中放入葱、姜、枣甚至是薄荷、橘子等使茶味更特别。大概经过了这五步后，再将煮好的茶盛在茶碗中供宾客饮用。这种饮茶方式在中唐时被"茶圣"陆羽质疑。陆羽认为在茶叶中放入过多的东西会冲淡茶叶本身的味道,因此极不提倡。不过当时仍有一些人喜欢这种饮茶方式,比如唐代诗人储光羲就写过一首《吃茗粥作》:

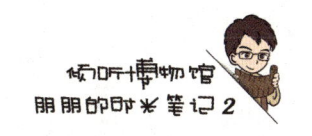

当昼暑气盛，鸟雀静不飞。

念君高梧阴，复解山中衣。

数片远云度，曾不蔽炎晖。

淹留膳茶粥，共我饭蕨薇。

敝庐既不远，日暮徐徐归。

这首诗描述的是，诗人在友人家做客，正当盛夏时节，酷暑逼人，连鸟雀都躲藏起来。虽然有高大的梧桐树遮阴，但人们仍然热得要解开衣服纳凉。远处有几片云在移动，也遮不住烈日。于是主人留客吃蕨薇和茶粥，直到太阳快要落山，诗人才慢慢回家。这首诗从一个侧面证明了，盛唐时期人们仍保留着"吃茗粥"的习惯。

当然，除了煮粥，茶叶还可以用来烹煮很多食物，比如大家常见的"茶叶蛋"。你如果感兴趣，就试试用茶叶做点儿美食吧。

49
悬挂蚊帐的房中房

每当炎热的夏天到来时,我们总会被蚊虫所扰。讨厌的蚊子总会在我们熟睡后偷偷地"咬"上我们几口。面对这些烦人的蚊子,你知道爸爸妈妈会选择哪些工具来驱蚊吗?相信很多爸爸妈妈都会选择蚊帐,因为它对我们的身体是绝对没有伤害的。那么,你喜欢蚊帐吗?我是很喜欢的,每次躺在挂着蚊帐的床上,我就会觉得找到了一个安全、独立的小世界。

那蚊帐是什么时候出现的呢?蚊帐出现在春秋时代,最初的名字叫"帱",后来又慢慢出现了"蚊帱""蚊帐"等称呼。和我们家里常用的白色镂空网状蚊帐不同,古人的蚊帐更华美,色泽也更鲜丽,材质方面除了丝、纱等高级材料，也有旷达不羁的文人用藤皮茧纸来制作蚊帐的。这些蚊帐就像在屋子里建造了一座房中房，除了避虫，更有玩乐和保护隐私的作用。

明代晚期，江南地区开始慢慢出现一种名叫"拔步床"的大型床。关于它名字的由来，说法众多。有一种说法称"拔步"是指迈步，因为这种床前面有台阶，必须迈步才能到床上；还有一种说法为"八步床"，是指拔步床体形过于庞大，从床头到床尾长达八步。从外形上看，拔步床就像是一个独立的小房子。床前有廊，可以用来放置一些小型家具，有人甚至还把马桶也一并放进去，形成最早的室内卫生间。为了增加亮度，有人还在拔步床的两侧安上小窗户。而华丽的蚊帐则挂在拔步床四周立柱之间，不仅可以在夏天防蚊，还可以在冬天阻挡冷风。最重要的一点，对于注重个人隐私的古人来说，这种拔步床用蚊帐隔开了生活和休息区域，很好地起到了保护隐私的作用，让古人在休息的时候享受到安静与舒适。

拔步床的出现和当时的社会风气有着非常深的渊源。

这一时期的官吏贵族生活奢侈腐败,他们大举搜刮百姓钱财来建造自己的豪宅,像这样房中房造型的拔步床就是比拼排场、相互斗富的产物。明代大贪官严嵩的家里,曾经被抄出上百张拔步床。在当时,拔步床已经成为财富的象征,可以用来彰显自己的权势。直到进入民国后,江南一带的富庶家族仍然在使用这类床。

在位于安徽省马鞍山的德化堂中国古床博物馆中收藏有各种各样的古床,其中就有很多华丽的拔步床,有机会的话,你可以亲自去看一看古人在漫长的历史中所使用的各式各样的床具。

50
古代下雨积水了怎么办

不知道你平时有没有观察过，下大雨的时候，地上的积水都会去哪里呢？如果留心的话，你应该可以发现路边有一些方形、有洞的井盖，其中有一些刻着"雨水"的就是在下雨的时候用来排雨水的。水从井盖上的洞里流下去，顺着井盖下面的排水管流走。如果城市里缺少这样的排水设施，下大雨的时候地上的水就会越积越多，淹过我们的马路、车辆、房屋，给大家的生活带来很大的不便。那么古代下大雨时人们会怎么办呢？古人会处理下雨的积水吗？

答案是肯定的。早在几千年前，人们在建造城市的时候就已经知道要注意城市的排水问题。早先的城市大多建

造在河边，虽然那里土地肥沃，取水容易，生活很方便，但同时也容易闹水灾。所以，人们在建造城市的时候就会充分考虑到这一点。古人可没有被难住。

在中国国家博物馆的"古代中国"展厅里，有一组很不起眼儿的文物，乍一看很像一些没有底的陶罐，灰扑扑的。实际上，这是一组距今四千多年的陶质排水管道。它们出土于河南淮阳平粮台古城，是目前发现的中国最早的排水系统。

考古学家发现的这组排水管道有五米多长，就埋在城址南门的路面之下，由三根管道组成，一根在下面，两根并排在上面，断面看上去就像一个倒着的"品"字。管道呈直筒形，由许多带节小管道套接而成，每节小管道两个端口的粗细不一样，细的一头儿有凸出来的部件方便与其他节粗的一头儿套接。将小水管一节节套起来，细的一头儿朝外，粗的一头儿朝内，城内的一侧高，城外的一侧低，城里的污水很容易就可以排到城外面。

除了南门的门道下面，人们还在南门东边的门卫房下面发现了年代更早一些的排水管道，那是在修筑城墙的时候就预先埋好的，但结构要简单一些，上面没有套接的小部件。有人说，这是城里最开始使用的排水管道，后来也许是因为堵塞等原因，没法儿使用了，但又不能挖开城墙去修理，于是人们只好在南门的门道下面又埋了一条新的排水管道。

夏商周时期的城市建筑以宫殿为主，平民居住得非常分散，而这些排水设施又都发现于宫殿之中，证明在当时只有贵族才能享用。所以，排水管道的发现，也是平粮台遗址被确定为古城址的一个重要原因。

如果你有兴趣的话，不妨去博物馆看看这组我国最早的排水管道。在路上，你还可以观察一下现在马路上那些不起眼儿的井盖，看看它们都是什么样子的。